优秀传统文化赋能大学生就业

传统职业观与"执两用中"方法论

刘莉 著

中国纺织出版社有限公司

内 容 提 要

春秋战国时期，儒家学者在面对动荡的社会和政治环境时，发展出了中庸思想和"执两用中"的方法论。如今，面对百年未有之大变局，我们亦可从历史中得到启迪。安居乐业是中国人千百年的执着追求，落地到今天，大学生就业同样是影响社会安定和人民幸福的一个重要因素。在本书中，作者充分探讨和分析了中国人的传统职业观，并将其中的精华引入当下的大学生择业与就业之中，尝试指导高等院校、就业指导教师与大学生，充分利用"执两用中"方法论，分析社会、专业和自身情况，找到最适合自己的职业。

图书在版编目（CIP）数据

优秀传统文化赋能大学生就业：传统职业观与"执两用中"方法论 / 刘莉著. -- 北京：中国纺织出版社有限公司，2025.2. -- ISBN 978-7-5229-2463-2

Ⅰ．G647.38

中国国家版本馆CIP数据核字第2025US2482号

责任编辑：郝珊珊　　责任校对：寇晨晨　　责任印制：储志伟

中国纺织出版社有限公司出版发行
地址：北京市朝阳区百子湾东里A407号楼　邮政编码：100124
销售电话：010—67004422　　传真：010—87155801
http://www.c-textilep.com
中国纺织出版社天猫旗舰店
官方微博 http://weibo.com/2119887771
河北延风印务有限公司印刷　各地新华书店经销
2025年2月第1版第1次印刷
开本：710×1000　1/16　印张：11
字数：183千字　定价：98.00元

凡购本书，如有缺页、倒页、脱页，由本社图书营销中心调换

前 言
PREFACE

习近平总书记指出,"在五千多年中华文明深厚基础上开辟和发展中国特色社会主义,把马克思主义基本原理同中国具体实际、同中华优秀传统文化相结合是必由之路。"❶ 大学生是国家的宝贵资源,是发展中国特色社会主义和实现中国式现代化的生力军,是我国建设创新型国家和实现创新驱动发展的底气所在。大学生就业作为高等学校联结大学生与经济社会的重要纽带,不仅是把大学生培养成为中国特色社会主义和中国式现代化建设者的重要环节,而且是让大学生充满建立在优秀传统文化根基上的文化自信的重要力量,在其中贯彻把马克思主义人才理论与当代中国具体实际和优秀传统文化相结合的习近平新时代中国特色社会主义思想之人才观是应有之义和必然之举。在我们这个文明赓续千年的古老而年轻的国度开展任何活动,如果没有自觉地传承和应用优秀传统文化就很容易脱离实际,就像一方水土养一方人,只有立足养育了无数先贤的土地才不会水土不服,工作才会有成效,以优秀传统文化赋能大学生就业,是新时代的必然选择。

客观地讲,在高等学校就业指导部门和老师的不懈努力下,一套基本适应中国特色社会主义市场经济体制建设和发展要求的大学生就业方式方法业已形成,然而现代大学体系是源自西方社会的,这种方式方法存在着采用西方就业理论有余而与中华优秀传统文化结合不足的问题,虽然过程中充分强调并执行了马克思主义的人才理论,但无论是对职业的认知,还是引导大学生全面认识

---

❶ 《习近平:在文化传承发展座谈会上的讲话》,《求是》2023 年第 17 期。

自我以实现人职匹配的就业，相当程度上都是以西方理论和方法为基础的，与习近平总书记建设中国特色社会主义必须与中国的具体实际和优秀传统文化相结合的要求还有不小的差距。中华文明博大精深，优秀传统文化灿若星河，闪耀着对物质和精神世界的深邃认知以及有关待人接物和解决问题的真知灼见。早在商周时期，职业的概念就已产生，《国语·周语上》有"庶人、工、商各守其业"，《周礼·冬官考工记》也有"国有六职"，其中的"业"和"职"即有职业之意。在职业实践的基础上，中国人形成了独具特色的传统职业观和职业伦理，其中从国家和社会的整体利益出发定位职业的观念体现了集体主义精神和浓重的家国情怀，构成了与西方建立在个人主义之上的职业观的本质区别。"四民异业而同道"，职业没有孰高孰低之分，每种职业都是经济社会发展所需要的，人人都可以在各自的职业中实现人生价值。生人之道和圣贤之道是合一的，各种职业在相互协作中形成了"我为人人、人人为我"的和谐共生的美好局面，建构起天下一家的实践之道，把传统职业观升华到了对大同社会理想的至高追求。包括重业、敬业、乐业、诚业在内的传统职业伦理，把优秀传统文化中的为人之道与职业有机联系起来，形成了为人处世原则在职业活动中的延伸。因此对传统职业观和职业伦理的理解不应局限于职业本身，而要置于"修身齐家治国平天下"的高度。对当代大学生和大学生就业而言，扎根于中华文明的传统职业观和职业伦理有着无比鲜活的生命力，应当在实践活动中贯彻执行之。

优秀传统文化不仅拥有着充满生命力的传统职业观和职业伦理，而且留下了千百年来累被证明了的方法论。中庸思想是优秀传统文化的核心理念之一，孔子认为"中庸之为德也，其至矣乎"，把中庸视为最高的道德标准和实践智慧。与中庸思想相呼应的是"执两用中"方法论。孔子讲自己无论是研究学问还是解决问题总是"叩其两端而竭焉"，就是反复叩问两端直至穷竭以掌握全

前　言

貌从而求得中常之道，即"择乎中庸"达到"有知"。执两是前提，执两是为了用中。中是天地万物运行的根本，中国人尚中，但中不是结果，用中、守中的目的是致和，"致中和，天地位焉，万物育焉"，中和是多样性和谐统一的美好状态，和是中的价值归属。和是大同，亦即实现了"仁"，故此"执两用中"方法论和传统职业观都与大同理想紧密联系并最终指向了"仁"，"仁"在其中起到了统摄性作用。作为赓续数千年的有用方法论，"执两用中"始终伴随中国人认识世界和改造世界的历史进程，引导中国人坚持辩证思维，全面观察和处理问题，不以偏概全和走极端，做到具体问题具体分析，因时而中，因地而中，因人而中，坚守忠恕之道，从共同体角度出发想问题办事情，"己所不欲，勿施于人"，同时"修己以敬，修己以安人"。"执两用中"源自舜治国理政的经验。治国理政实为职业范畴的一部分，因而"执两用中"也是职业活动的智慧结晶，与职业有着千丝万缕的联系，明确了如何客观全面地面对职业体系和具体职业，特别是职业生涯规划和职业选择，首先要契合经济社会发展需要，其次是与个人的能力和兴趣相一致，最后是重视自我教育和职业发展。"执两用中"同样体现在职场规范上，优秀传统文化之职场规范强调体用结合，一如忠恕，推己及人，实际上就是固执中庸并行"执两用中"之法。此外，中国人重视立志，孔子讲自己"十有五而志于学"，张载《正蒙·至当篇》有"志大则才大、事业大"，大学生处于立志的关键阶段，运用"执两用中"的方法树立既满足国家和社会发展需要又符合自身特点的志向，不仅可以激发学习掌握知识理论的斗志，而且能够增强克服职业发展道路上困难的勇气，实现人生理想。

回顾新中国大学生就业制度安排，从统包统分的政府主导型就业到供需见面双向选择再到市场导向自主择业，执行和变革都显示了"执两用中"方法论的智慧。新中国成立之初，面对恢复国民经济和建设社会主义的紧迫任务，实行高度集中的计划经济是必然选择，作为促进经济社会发展高度稀缺资源的大学生，由政府统一分配可以最大限度地发挥其作用，有力促进社会主义建设尤其是重点领域建设，彻底改变"一穷二白"的局面，实现工业化和提高人民生活水平。随着改革开放和经济体制改革的推进，统包统分制度的弊端暴露，妨碍了用人单位和大学生活力的释放，因而在试点的基础上逐步变统包统分为供需见面双向选择，赋予了大学生就业自主权，极大推动了以公有制为主体的多种所有制经济的共同发展。在国家提出建立社会主义市场经济体制后，大学生就业改革同步向纵深推进，形成了市场导向自主择业的制度安排并延续至今，国家彻底退出对大学生就业的微观安排而回归宏观管理和服务的定位。毫不夸张地说，新中国大学生的就业制度安排是与时俱进的，彰显了用中须权中的精神，突出了"执两用中"追求极致的内涵。国家宏观层面如此，高等学校的就业指导和大学生的具体择业更应如此。就业指导是与大学生的职业生涯规划同步并贯穿整个大学生涯的，因而从始业教育起经就业指导至毕业求职，每一阶段每一环节都需要体现传统职业观和"执两用中"方法论，让大学生在科学认识自我和掌握专业知识理论的基础上提升获得人职匹配的可能性。鉴于当代大学生个性鲜明的特点，简单运用传统的方式方法肯定行不通，就业指导老师要化身为音乐演奏者并视大学生为听众，通过优美的旋律让听众受到触动并给演奏者积极的回应，而演奏者也能因听众的触动而触动并给予听众以同样积极的回应。双方的共鸣可以让大学生把传统职业观和"执两用中"方法论内化于心、外化于行，落实到求职和职业生涯发展中。

当前我国进入了建设中国特色社会主义和实现中国式现代化的新时代，面对着百年未有之大变局及社会加速与高度复杂和不确定的风险社会并行的重要特征，大学生就业更要一如既往地坚持"执两用中"方法论，因为"执两用中"思想形成的春秋战国时期同样是复杂性和不确定性明显的大变局时代，这赋予了"执两用中"在当前大变局时代的适用性。要正视高度的复杂性和不确

前　言

定性给认知方式带来的重大变化，更加重视价值理性和经验理性而非纯粹的工具理性，运用相似性思维观察和处理问题，而价值理性、经验理性和相似性思维恰是"执两用中"方法论与生俱来的。在大变局时代大学生就业中运用"执两用中"就要落实其中的整体观，科学全面地认清当前国内外形势的面貌与本质及其对经济社会发展和就业的影响，基于关联来考虑和寻求就业。不是掌握某些知识理论就一定会在某个领域或区域就职并获得相应的回报，而是可能有哪些领域或区域与自己的知识理论关联，有关联就有实现就业的可能性。科技突飞猛进，包括人工智能和区块链等在内的高新科技已经成为发展新质生产力的典型，并越来越多地影响到经济社会的各个方面，这是新时代推动大学生就业可以而且应当运用的新力量，然而任何科技都有其短板，需要借助"执两用中"方法论以充分发挥其积极作用，避免消极作用，有效推动新时代大学生就业。

刘莉
2024 年 10 月

目 录
CONTENTS

第一章 中国传统职业观 ········· 001
  第一节 安居乐业：中国人千百年的追求 ········· 002
  第二节 中国人的传统职业观 ········· 008

第二章 "执两用中"方法论与中国传统职业观 ········· 031
  第一节 中庸思想概述 ········· 033
  第二节 "执两用中"方法论 ········· 039
  第三节 "执两用中"与传统职业观的有机融合 ········· 053

第三章 新中国大学生就业与"执两用中"方法论 ········· 067
  第一节 改革开放前的大学生就业 ········· 068
  第二节 改革开放以来的大学生就业 ········· 072
  第三节 新中国大学生就业中的"执两用中" ········· 080

第四章 "执两用中"和传统职业观贯穿大学生就业全过程 ········· 095
  第一节 始业教育中的"执两用中"和传统职业观 ········· 096
  第二节 就业指导中的"执两用中"和传统职业观 ········· 108
  第三节 毕业求职中的"执两用中"和传统职业观 ········· 119

第五章 新时代大学生就业更要坚持"执两用中"方法论 ········· 131
  第一节 高度复杂和不确定的时代特征 ········· 133
  第二节 在大变局时代的大学生就业中坚持"执两用中" ········· 143

参考文献 ········· 159

第一章

中国传统职业观

职业是任何一名具有劳动能力的人都绕不开的。提及职业，往往就会想到士农工商，想到"三百六十行，行行出状元"。什么是职业？《说文解字》："职，记微也"，即标识、记号，本指官员听取民意并记录下来，后引申为主管、掌管、责任、职位、权位、职责等。"业"则被释为"大版也"。古代钟鼓都是悬挂在架子上敲击演奏的，架子横梁上安装有一块白色锯齿形的木板用于悬置钟鼓，即为业。古人也把书册的夹板称为"业"，进而引申为学习、学业、事业、财产、职业、次第等。《国语·周语上》"庶人、工、商各守其业，以共其上"中的"业"即有职业之意。古代"职"和"业"虽有联用但常分别指"官事"和"士农工商四民之常业"，如《荀子·富国》"事业所恶也，功利所好也，职业无分，如是，则人有树事之患，而有争功之祸矣"中的"职业"当作此解。

第一节　安居乐业：中国人千百年的追求

习近平总书记在不同场合反复强调了人民安居乐业对实现"两个一百年"奋斗目标和中国式现代化及中华民族伟大复兴中国梦的重大意义，提出了促进社会公平正义、保障人民安居乐业，坚持绿色发展、打造农民安居乐业的美好家园，乐业才能安居等重要论断。

一、安居乐业含义

"安居乐业"词出老子,《道德经·第八十章》有:"甘其食,美其服,安其居,乐其俗。邻国相望,鸡犬之声相闻。民至老死,不相往来",不仅生动描绘了老子心目中理想社会的形象即"至治之极",而且突出了百姓安居乐业在理想社会的重要地位。当然老子在这里所说的"国"并非现代意义上的国家,而是古代的城邦;"不相往来"讲的是各个城邦不因争夺土地、人口等利益而战火纷纷,"虽有甲兵,无所陈之",百姓得以休养生息、安居乐业,并非相互之间没有正常的交流往来。《汉书·货殖传》有"故其父兄之教不肃而成,子弟之学不劳而能,各安其居而乐其业,甘其食而美其服,虽见奇丽纷华,非其所习,辟犹戎翟之与于越,不相入矣"的论述,再次强调了安居乐业对社会安宁稳定的重要性。《后汉书·王充王符仲长统列传》云"安居乐业,长养子孙,天下晏然",首现"安居乐业"一词并直接表明了安居乐业的美好结果——百姓在一个安定快乐的环境中生活工作,养育后代,整个社会一副和谐共生的模样。不管时代如何变迁,安居乐业一直是中华民族恒久不变的王道,也是中国人数千年来一直坚守的理想和不懈的追求。无论春秋战国还是唐宋明清,无论封建社会还是民主共和,安居乐业思想始终是中国社会的核心理念和重要价值取向。诗圣杜甫那句妇孺皆知的千古名句"安得广厦千万间,大庇天下寒士俱欢颜"就充分表达了中华儿女对安居乐业的强烈呼唤和孜孜以求。

二、安居与乐业相互关联

安居乐业包括安居和乐业两个方面,二者相辅相成,关键在"业",乐业是前提,正如习近平总书记2020年在陕西考察时指出的,"乐业才能安居。房子好了要是没收入，那住不下去的，主要就是靠稳定的一个就业岗位。"乐业为安居提供了稳定的经济基础。幸福美好的生活离不开可以遮风避雨的居所，但只有遮风避雨的居所不意味着生活就幸福美好了。再好的居所，如果没有了职业提供的稳定的经济基础作支撑，不但无法安居，反而很可能成为难以承受的负担。乐业不仅表明人们有从事某种职业的积极意愿、有合适的职业可以从事并且正在从事，而且从业者可以从中获得相对稳定的经济收益，从而为安居奠定必要的物质基础。在这一过程中从业者还可以得到与职业相关技能和经验的积累和提升，同时政府和社会也从大局出发对行业和从业者进行一定的约束和规范，提供必要的培训，以促进行业稳定运行和健康发展，保护从业者的合法利益。例如我国过去的行会组织，一般由相同行业的商人或手工业者组成，在古代商业发展中起着重要的规范和管理作用，通过制定行会规章制度，监督行业成员的行为和商品质量，有效避免了恶性竞争，维护了行业的声誉和从业者的利益。如今，国家和政府通过购买服务等形式广泛开展职业技能培训、网店创办运营指导、失业人员再就业帮扶等工程，以实现老百姓稳得住、就好业、逐步共同富裕等安居乐业的目标。此外，乐业在促进行业健康发展的同时，也提供了税收等财政收入，推动了生活配套与公共服务设施的建设与完善，进一步保证了安居的实现。

乐业为安居提供了稳固的安全保障。安居离不开稳定的经济基础，但仅有经济基础是远远不够的，还要有在面临各种风险和困难时稳固而持续的安全保障。乐业为人们重视和预防风险提供了心理和注意力空间。试想一下，如果一个人为了生计不停辛苦奔波，又能够分配多少注意力用以关注形形色色可能给自己造成不利后果的风险并防备之，并且在风险来临时从容不迫地面对之并将损害减少到最低？"手中有粮心中不慌"，因乐业而拥有了稳定经济基础的人在面对风险时能够充满底气，不会由于一时困难而六神无主、手足无措，在政府

第一章　中国传统职业观

和社会全力应对和降低风险损失的过程中可以更加高效地配合，压制谣言、传播真相，增加成功的概率并取得事半功倍的效果。回望历史，人们不能乐业的时候往往是社会不安定的时候，一有风吹草动就很容易丧失应对的能力，颠沛流离，饿殍遍野，甚至发生易子而食的人间惨剧。而所谓盛世，如文景之治、贞观之治、开元盛世等，无不是经济发展，民众具有一定的抵御风险能力的社会祥和的时代。以史为鉴就不难理解为什么在高度复杂和充满不确定的时代，党和政府把稳就业保民生放在重要位置，把千方百计增加人们收入作为重中之重了。因为只要保证了就业，人们的经济收入就有了保障，就有了乐业的基础。乐业可以让人们更加充分地认识和防备风险，当风险真正来临时可以从容不迫。

乐业为安居扬起了新的风帆。乐业不是终点，而是新生活新奋斗的起点。乐业排除了人们的后顾之忧，让人们在安居之后生活有了新的目标、新的追求，不再局限于普普通通的安居，而是更高层次和更高质量的新的安居，这种安居不仅体现着物质生活的极大丰富和满足，而且代表着精神生活需求的迸发和满足。如果说普通意义上的安居意味着"甘其食、美其服"，意味着衣食无忧和窗明几净，那么新的安居则涵盖着自尊、自爱、自强、他尊等精神和心理层面的内容，追求人的全面自由发展和自我实现。老子在提出他的安居乐业"至治之极"理想时就包含了"乐其俗"的面向。然而千百年来由于生产力发展水平和封建生产关系的制约，人们只能在追求前一种安居上徘徊，居无定所、流离失所在历朝历代屡见不鲜，直到新中国成立前还有大量青壮年无业可就，温饱问题直到20世纪末21世纪初才得以解决。只有在当前全面实现小康并努力实现"两个一百年"奋斗目标和中国式现代化的时候，中国人才可以讲真正安居乐业了，人们也才有条件和可能把乐业作为新的起点，扬帆起航追求新的安居。开启新的生活和新的奋斗离不开坚持不懈的精气神，而这种精气神相当程度上来自乐业。在乐业中增强责任心与成就感，最大限度地激发追求新的安居的内生动力，通过自己热爱事业、奉献事业和持之以恒的认真劳动创造物质和精神双丰富的幸福美好的新生活，不但可以收获个人价值的自我实现，而且能够促进社会的和谐稳定和共生发展。

安居也推动着更高层次乐业的实现。家是人生的启蒙之地，是一生停靠的港湾，安定的居所构成了家的物质基础。从古至今，中国人始终有着浓厚的家乡情怀，他处纵有万般好，不如家有屋一间。"居者有其屋"，只有安居宜居了，人才会有归属感、获得感、安全感，也才能在辛勤的工作之余得到身体的休息和心灵的放松，可以精力充沛地迎接工作上新的挑战，也就意味着可以更加全身心地投入工作之中，把工作视为实现人生价值的舞台而非不得已而为之的负担，进而可以从职业中收获满满的快乐并更加热爱之。根据马斯洛需求层次理论，人的需求自低到高被分为生理需要、安全需要、归属和爱的需要、尊重需要和自我实现需要共五个层次，人们会在低层次的需要满足后追求更高层次需要的满足，直至自我实现。安居宜居后，人们对职业的追求不再局限于获得稳定的经济收益，换言之，人们不会只从经济角度考虑从事或者不从事某种职业，而是综合考量经济利益和可以得到的良好工作氛围与人际关系、职业发展与才干施展、价值吻合与自我实现等因素，以实现人职匹配的职业选择。这种情形下对职业的热爱和从职业中收获的快乐是一种更高层次的乐业，是可以把人的能动性和创造力充分发挥出来的乐业，是不断夯实对生活的满足感和对未来的期盼的乐业，这种乐业体现着人们对未来更加美好生活的向往，展现着人与社会在双向奔赴中的融合发展。

三、安居乐业与大同社会

安居乐业不但是中国人千年来坚持不懈的现实追求，而且与中国人心目中的理想社会紧密联结。大同社会是中国人思想中人类社会发展的最高阶段，体现了中国人对理想社会的向往和追求。《礼记·礼运》载："大道之行也，天下为公。选贤与能，讲信修睦，故人不独亲其亲，不独子其子，使老有所终，壮有所用，幼有所长，矜寡孤独废疾者皆有所养。男有分，女有归。货恶其弃于地也，不必藏于己；力恶其不出于身也，不必为己。是故谋闭而不兴，盗窃乱贼而不作，故外户而不闭。是谓大同。"一般认为大同社会理想最先由孔子提出。在大同社会，人人都有大公无私的精神，人与人之间诚信至上、和睦相处，人人"老吾老以及人之老，幼吾幼以及人之幼"，男人有事业，女人有归宿，违法犯罪现象几无发生，到处洋溢着安居乐业的祥和景象。可以说安居乐业被置于了崇高的地位，没有了人们的安居乐业也就没有了理想中的大同社会。老子的"小国寡民"同样在一定程度上体现着大同理想，不过与孔子建立在"仁"基础上的大同不同，老子的大同社会理想是建立在返璞归真的物质条件之上的，在老子看来，权力、财富和不劳而获妨碍了大同的实现，应当予以消除。

大同社会有其独特的价值判断。《礼记·礼运》："故圣人耐以天下为一家，以中国为一人者，非意之也，必知其情，辟于其义，明于其利，达于其患，然后能为之。"是故"天下一家"成为大同社会的价值判断，成为孔子对理想社会的一种憧憬，并长久激荡在中国人心中。北宋理学家张载曰，"民，吾同胞；物，吾与也"，天下所有人皆是我的同胞，世间的万物都是我的朋友。心学体系的创立者王阳明在回答何为大人时写道："大人者，以天地万物为一体者也，其视天下犹一家，中国犹一人焉。"并指出将天地万物联系在一起、融合为一体是人的良知，即"仁"。孙中山先生尤为推崇"天下为公"的大同主义，并阐释了大同主义与社会主义、民族主义、民权主义、民生主义间的关系，把大同社会理想付诸于中国革命和发展实践。对大同社会的向往、对天下一家的追求贯穿了整个中华民族的历史。今天我们推进人类命运共同体建设，推进中国特色社会主义建设，既是对天下一家的弘扬和光大，由一国而及全人类，实现全人类的安居乐业，也是让大同社会由理想走进现实的铿锵实践，让我们的未来更安居、更乐业。

第二节　中国人的传统职业观

既然安居乐业的地位如此之高，那么职业的重要性就不言而喻了。众所周知，职业是随着社会分工而产生的。远古时代的男狩猎女采集虽有分工，却不能视为职业的产生，充其量只是孕育着职业萌发的种子，司马迁讲"夫神农以前，吾不知已"盖有此意。进入农耕文明，随着社会生产力水平的提高，社会分工越发明显，各种职业随之产生，到春秋战国时期职业分工已经比较细致。《周礼·冬官考工记》有："国有六职，百工与居一焉。或坐而论道；或作而行之；或审曲、面埶，以饬五材，以辨民器；或通四方之珍异以资之；或饬力以长地财；或治丝麻以成之。坐而论道，谓之王公；作而行之，谓之士大夫；审曲、面埶，以饬五材，以辨民器，谓之百工；通四方之珍异以资之，谓之商旅；饬力以长地财，谓之农夫；治丝麻以成之，谓之妇功。"即有王公、士大夫、百工、商旅、农夫、妇功等六类职业。《穀梁传·成公元年》曰："古者有四民：有士民，有商民，有农民，有工民。"士农工商遂成为我国古代社会对

"民"的传统分类。《国语·齐语》记载了齐桓公与管仲的一段对话。桓公曰:"成民之事若何?"管子对曰:"四民者,勿使杂处,杂处则其言咙,其事易。"公曰:"处士、农、工、商若何?"管子对曰:"昔圣王之处士也,使就闲燕;处工,就官府;处商,就市井;处农,就田野。"说明职业分工在当时已经相当普遍,统治阶级已经开始从国家治理的角度看待和管理职业分工。

一、中国人的传统职业观

伴随职业分工的产生与发展,职业观相应产生,表达着人们对社会不同职业的薪俸收入、社会地位、名望声誉等的综合评价,影响了人们在特定历史条件下可能的职业选择以及职业态度和职业行为等。中国人的传统职业观与中华民族的历史文化关系密切,是中华优秀传统文化的有机组成部分,是中国人人生观和价值观最直接、最具体的表现之一。

第一,中国人的传统职业观认为职业没有孰高孰低之分。《论语·述而》记录孔子在谈及财富时说:"富而可求也,虽执鞭之士,吾亦为之。如不可求,从吾所好。"执鞭之士是古代王侯或官员出行时手执皮鞭开路的人,后被用来代指做苦差事的人。孔子的富贵观告诉人们富贵只要符合道义就可以大胆地追求,同时也折射出虽为执鞭之士但并非低人一等的观点,表达了儒家思想对个体人格的尊重。管仲针对四民的管理策略只是基于维护社会稳定的需要,而不是确定了四民的高低贵贱,"士农工商四民者,国之石民也",四民都是国家的柱石。事实上,管仲主张劳动至上,认为只要是通过劳动创造财富的职业都是本业,无论农耕还是经商。不管什么职业都有成为社会栋梁的可能。"舜发于畎亩之中,傅说举于版筑之间,胶鬲举于鱼盐之中,管夷吾举于士,孙叔敖举于海,百里奚举于市。"典型之一是科圣墨子,他农民出身,做过木工,《史记·孟子荀卿列传》载其曾为"宋之大夫",而他则自称为"农与工肆之人"代言,显示了墨家的人格和职业平等观。另一个范例是战国时期贵族多有养士之风,但士受尊重和重视的程度取决于自身才能而非出身,虽为鸡鸣狗盗之辈但只要有真才实学同样有用武之地。"樊迟问稼"多被人用作批判孔子不重视农业和儒家鄙视农工商职业的证据,实为一种误解。《论语·子路》载:"樊迟请学稼。子曰:'吾不如老农。'请学为圃。曰:'吾不如老圃。'樊迟出。子曰:'小人哉,樊须也!'"王若虚《〈论语〉辨惑二》解:"其曰硁硁小人、小人樊须,从其小体为小人之类,此谓所见浅狭,对大人而言耳",即年龄小、思想不成熟,并非是与君子相对的小人。孔子在此强调术业有专攻,应各司其职,即所谓"圣王量能授事,四民陈力受职",职业要与个人能力相匹配,再次显示了孔子对个体差异的尊重。孔子办学的目的是通过礼乐教育培养学生的君子人格,使之成为在社会公共事务中发挥领导作用的人,当时社会最缺乏的就是此类人才。一个优秀的领导者是不可以凡事亲力亲为的,孔子是在批评不能因兴趣而丧失了远大志向,不要被"器"的具体之学限制住了自己。《论语·先进》中孔子如此评价颜回和子贡:"回也其庶乎,屡空。赐不受命,而货殖焉,亿则屡中。"颜回和子贡是孔子的两位得意弟子,孔子在此并非褒颜回贬子贡,颜回"屡空"不单是说颜回安于清贫,更是颜回能够放空和归零自己,有着很高的修持境界,是内圣的代表;子贡"屡中"说明子贡不接受"死生有命、富贵在天",力在把自己的天赋发挥出来,是外王的典型。孔子又一次表明了儒家思想对士商一视同仁的态度。荀子更是把"农农、士士、工工、商商"的职业体系与"君君、臣臣、父父、子子、兄兄、弟弟"的伦理体系看作相互支撑的天下之大本。正如司马迁在《史记·货殖列传》中所言:"《周书》曰:'农不出则乏其食,工不出则乏其事,商不出则三宝绝,虞不出则财匮少。'财匮少而山泽不辟矣。此四者,民所衣食之原也。原大则饶,原小则鲜。上则富国,下则富家。"士农工商各种职业彼此平等,相辅相成,皆为国家和社会所必需,缺一不可。

隋唐确立的科举制是中华民族的伟大创举,比起欧洲的文官考试制度早了一千多年,是对世界文明的重大贡献。"取士不问家世",普通百姓家的子弟可以凭自己的才学科举及第,参加到各级政权中来,"寒门生贵子,白屋出公卿。将相本无种,男儿当自强"。此外,富商捐官现象常见于史书,部分读书人也放弃取士转而从事农工商各种职业。宋之后特别是明清之际,随着商品经济的发展,更有大批读书人弃儒就贾,成为士商兼而有之的儒贾,尤以晋商和徽商为盛。雍正朝山西学政刘于义在上奏中称晋人"子孙俊秀者,多入贸易一途,其次宁为胥吏,至中材以下,方使之读书应试";凌濛初《二刻拍案惊奇》中亦讲"徽州风俗,以商贾为第一等生业,科第反在次者"。这些不但改变了天下英才俱挤官途的单一人才流向,而且进一步夯实了各种职业彼此平等的职业观,从业者的社会地位和声望完全取决于对经济社会发展的作用与贡献而非职业本身。王阳明《传习录》讲"良知之在人心,无间于圣愚,天下古今之所同也",如惊雷般宣告了人人生而平等,早于欧洲启蒙思想。又说"古者四民异业而同道,其尽心焉,一也。士以修治,农以具养,工以利器,商以通货,各就其资之所近,力之所及者而业焉,以求尽其心。其归要在于有益于生人之道,则一而已。士农以其尽心于修治具养者,而利器通货,犹其士与农也。工商以其尽心于利器通货者,而修治具养,犹其工与商也。故曰:四民异业而同道。"士农工商各种职业在获得衣食来源、贡献社会上是一致的,在地位上是完全平等的。"务在济世及物,求尽其心","虽终日做买卖,不害其为圣为贤",各种职业不但一律平等,而且都是圣贤之道,每个人都可以在自己的职业中实现各自的人生价值,"生人之道"和圣贤之道是合一的,各种职业的从业者在相互协调中形成了整个社会"我为人人、人人为我"的美好局面,不仅把中国人的职业平等观提升到了新的高度，而且建构了天下一家的实践之道，把职业平等观念与大同社会追求有机结合起来，影响了一代又一代中国人。

第二，中国人的传统职业观强调从国家和社会整体利益出发定位职业。就像管仲从国家治理和社会稳定出发提出管理四民的对策一样，中国人是从国家和社会的利益出发来认识职业、理解职业和定位职业的。《商君书》系统整理了商鞅的法家思想和实践，其中有"凡人主之所以劝民者，官爵也。国之所以兴者，农战也。今民求官爵，皆不以农战，而以巧言虚道，此谓劳民。劳民者，其国必无力，无力者，其国必削。……是故豪杰皆可变业，务学《诗》《书》，随从外权，上可以求显，下可以求官爵；要靡事商贾，为技艺，皆以避农战，具备，国之危也。"不难看出，商鞅是从国家存亡和发展的视角来看待各种职业的，以国家是否有力作为判断职业有无存在必要的依据，这与战国时期的实际息息相关。各国之间的连年征战决定了农民和军队是一个国家的柱石，农战一体化既关乎粮草和后勤问题，也关乎人口和战力问题。从事农耕职业的人越多，国家就会越强大，反之如果人人都读书求仕、投身工商而不愿从事农耕和加入军队，国家就危险了，等待的往往是灭国命运。因此商鞅从国家利益出发提出了要引导和鼓励百姓专心农战，同时抑制其他职业存在和发展的职业主张。这一职业观在法家的另一代表人物韩非子那里表现得更加明显，他干脆把农战以外的其他职业包括学者、言谈者、带剑者、患御者、商工之民等五者视为"邦之蠹也"。虽然商鞅和韩非子的职业观有助于国家在战乱纷飞中保全自己甚至兼并他国，但完全忽视个人利益的纯粹的国家利益至上观严重制约了职业选择和转换，导致社会畸形发展，尤其是和平时期，把农耕纳入军事化管理的农战一体化本身会制约农业生产力的发展，而其他职业的缺失和滞后亦会反噬农业。社会发展不均衡，最终造成国力衰减，民不聊生。

相较而言，儒家虽然也从国家和社会利益角度看待职业分工与选择，但更

第一章　中国传统职业观

加重视非战时期，并主张以"仁政"实现百姓来臣，战争只是最后手段。《论语·颜渊》记载孔子的弟子有若答鲁哀公问时曰："百姓足，君孰与不足？百姓不足，君孰与足？"在儒家看来，职业分工的目的是实现各司其职、百姓富足。如果百姓富足了，赋税就会增长，社会就会安定，国家自然就会富强，最终达到治世的理想状态。这与子贡问仁时孔子的回答是一致的。子曰："足食，足兵，民信之矣。"子贡曰："必不得已而去，于斯三者何先？"曰："去兵。"可见孔子认为应首先保证百姓有饭吃，其次才是军备需要，保证人民的基本生活是压倒一切的头等大事，与法家的观点刚好相异。在此基础上更有了孟子"民为贵，社稷次之，君为轻"的千古名言和赓续千年的民为邦本的思想。与法家的职业观相比，儒法两家异同共存。首先两家都十分重视农耕，但出发点不同，法家是为战争服务，儒家则是基于实现民富国强的治世且以民富为基本出发点和落脚点。其次两家都认为民对职业的认知不足，需要外力加以干预，但法家通过颁布禁止市井子孙仕宦、提高商工税收等法令迫使民从事农耕，而儒家从农业社会实际出发，主张通过施行仁政劝导民从事农耕且不限制其他职业。然而无论如何，儒法两家的职业观都是为维护封建统治需要服务的，尊农只是名义上的，商人完全可以凭借自己的财富提升社会地位与名望，所以汉晁错感慨："今法律贱商人，商人已富贵矣；尊农夫，农夫已贫贱矣。"

从国家和社会利益出发的职业观是整个传统职业观的基石，与中国人自我构念中的集体主义是一脉相承的，是形成中国人独特的家国情怀的重要因素之一。中国传统文化是家国同构的，个人首先是家庭与家族的一分子，重视家庭与家族，以家庭和家族展开生产生活是个人获得资源和成长的先决条件。放大到国家亦是如此。这种职业观强调个人的职业选择应当服从和服务于国家和社会的发展需要，其不仅影响了古人，而且影响了当代中国人，成为抵御西方个人主义职业观侵蚀的有力武器。

第三，中国人的传统职业观存在明显的世俗倾向。与世界其他主要文明相比，中华文明和传统文化有着明显的"现世性"。正如美国历史学家斯塔夫里阿诺斯认为的："中国文明具有独特的现世主义"，是"世界文明中唯一的在所有历史阶段都未产生过祭司阶级的伟大文明"。[1]发端于黄河和长江流域的中华文明是典型的农耕文明，两大流域良好的自然条件让先民们对现实世界有了安全可靠的认知，产生了对自身力量的自信，相信依靠自己的努力可以创造出美好的生活。大自然未必总是风调雨顺，有着狰狞的一面，但可以经由天文历法认知它，通过水利设施调节它，这种天人关系与其他文明明显不同。中国人更多看到了大自然的"生"与"常"，并把变化视为现象与真相之间的一种链接，勇敢地直面现象，体味其中的变与不变，并形成了未雨绸缪的传统。同时，农耕多以家庭或家族的形式组织开展，不需要大规模的合作和大范围的迁徙，以血亲关系为纽带的生产生活形式让中国人获得了较高的安全感和情感满足。"一个在家庭生活中获得了安全感和情感满足的民族，追求天国和来世的需求便不会特别强烈"[2]，反而会有着明显的现世倾向。就像罗素所言："（宗教起源）一个最强有力的原因是人们要求安全的心理，希望有个老大哥照应他们。……人们宗教信仰的真实原因同论证根本没有任何关系，他们信仰宗教是由于情感的原因。"[3]正由于在与大自然的共处和家庭的生产生活中获得了足够的安全感和幸福感，中国社会始终是人治而非神治的社会，神权低于皇权，神因人的需要而生，实则反映了人与自然的关系，因而始终没有产生充任沟通此岸与彼岸、现世与来世、人世与神祇职能的祭司，相反中国古代的"巫"是与"史"

---

[1] 斯塔夫里阿诺斯：《全球通史：从史前史到21世纪》，董书慧译，北京大学出版社2005年版，第155页。
[2] 孙海燕：《论儒家现世精神的起源》，《人文杂志》2023年第9期。
[3] 罗素：《为什么我不是基督教徒》，沈海康译，商务印书馆1982年版，第18-19页。

合二为一的。长沙马王堆出土帛书《要》篇中记载孔子与子贡讨论《易经》时所言："《易》，我后其祝卜矣，我观其德义耳也。幽赞而达乎数，明数而达乎德，有仁［存］者而义行之耳。赞而不达于数，则其为之巫；数而不达于德，则其为之史。史巫之筮，向之而未也，好之而非也。后世之士疑丘者，或以《易》乎？吾求其德而已，吾与史巫同途而殊归者也。"孔子不仅明示了儒源自巫史，而且明确了自己与巫史的区别：超越巫史。由巫而史，意味着社会生活中非理性的原始宗教成分的衰减，而立足于现实的经验理性发挥着越来越重要的作用。史官不但要记录史实，还要承担观测天文、修订算法、医病救人等工作，不能罔顾事实，必须受到理性的制约。随着周代礼乐制度的建立，以礼规范和约束人们的生产生活行为，彻底杜绝了宗教立国的可能性，并最终发展出一套积极进取的现世主义思想。所以《论语·先进》中，子曰："未能事人，焉能事鬼？"香路曰："敢问死"。曰："未知生，焉知死？"如果不把生认真度过，是没有资格谈论死的，也是不配去死的；换言之，对生的通透理解包含了对死的理解，死的问题是统摄在生的问题之内的。如果此生是认真度过的，人生过程是有意义的，那么死亡就没有什么好害怕的，这是非常透彻的现世主义。

现世主义深深影响了中国人的义利观和职业观。中国人从不避讳言利，《论语·里仁》曰"富与贵，是人之所欲也；贫与贱，是人之所恶也"，追求富贵、规避贫困是人的本性。荀子指出："义与利者，人之所两有也。虽尧舜不能去民之欲利……虽桀纣不能去民之好义。"崇尚"民为贵"的孟子也认为"是故明君制民之产，必使仰足以事父母，俯足以畜妻子，乐岁终身饱，凶年免于死亡。"董仲舒《春秋繁露》亦云："天之生人也，使人生义与利，利以养其体，义以养其心，心不得义，不能乐，体不得利，不能安。"明末清初思想家王夫之更是明确指出："出利入害，人用不生。"人类生存的首要条件是基本的物质需求得到满足，如果必要的物质条件都没有就去谈论道德是不现实的，各种异端邪说就可能横行，人类就会陷入危险的境地。换言之，贫穷是极端主义的温床。从历史脉络看，从孔孟的"先利后义"到荀子的"见利思义"再到王夫之的"义利合一"，千年的义利之辨让中国人明白义利如同硬币的两面，缺一不可，既不能见利忘义，谋求不符合法律道德和公序良俗的利，也不能不顾基本生活所需过度强调义，以致困顿，而是要以义求利，去求符合经济社会发展的利并在求利的同时多做有利于国家和社会利益的事。这种义利观与现世精神是一致的，因为其从来都不是以符合神祇的意志为先决条件的。

这种义利观同样反映在中国人的传统职业观上。《史记·货殖列传》言："夫山西饶材、竹、穀、纑、旄、玉石；……皆中国人民所喜好，谣俗被服饮食奉生送死之具也。故待农而食之，虞而出之，工而成之，商而通之。此宁有政教发征期会哉？人各任其能，竭其力，以得所欲。故物贱之征贵，贵之征贱，各劝其业，乐其事，若水之趋下，日夜无休时，不召而自来，不求而民出之。岂非道之所符，而自然之验邪？""故曰：'天下熙熙，皆为利来；天下攘攘，皆为利往。'夫千乘之王，万家之侯，百室之君，尚犹患贫，而况匹夫编户之民乎？"司马迁于此明确指出只要是满足老百姓需要的老百姓自然会努力去实现，无须政府发出专门的号令，在这一前提下的取利是符合道义和自然法则的。从中不难发现，中国人的传统职业观表现出明显的世俗倾向。随着历史的推移，这种世俗倾向的职业观越来越集中体现在以官为先、为贵、为尊上和儒商结合以及相应所受到的尊重和获得的利益上。《论语·子张》载："子夏曰：'仕而优则学，学而优则仕'"，把学习和为官联系在了一起，对中国人的职业观乃至政治、思想和文化都产生了深远的影响。"学而优则仕"主张任人唯贤，反对任人唯亲，在对社会历史发展起积极推动作用的同时，也提倡通过读书以求仕途，造成了"万般皆下品，唯有读书高"的职业观的流行，一直影响到现在。当下每年有成千上万的大学毕业生走上考公考编的独木桥，甚至一

第一章　中国传统职业观

战再战，不能不说在相当程度上受到了这一职业观的影响。事实上古代为官所获的尊重和利益有目共睹。明末清初历史学家计六奇曾言："及登科甲，遂钟鸣鼎食，肥马轻裘，非数百万即数十万。"[1] 而范进中举前后截然对立的表现和待遇更是妇孺皆知。所以中国人从古至今都把为官视作非常重要的职业选择，没有几位读书人能够置征召而不理，真正淡泊明志、宁静致远的。另外，虽然古代中国以农耕立国，重农，但历朝历代都不缺富甲一方甚至富甲天下的大商贾，如与孔子同时代的范蠡，在辅佐越王勾践灭吴功成名就后投身商海，"居无几何，致产数十万"，后又"尽散其财，以分与知友乡党"，"富而行其德"，为千百年来经商之人效仿的楷模。孔子的得意弟子子贡是经商奇才，"家累千金"，是历史上第一位儒商，曾自费游走列国，说齐、存鲁、霸越、亡吴，又资助孔子东游，对儒家学说的发扬光大、流芳百世功不可没。战国时期的白圭不但经商了得，而且总结出"人弃我取、人取我与"和"知进知守"的理财思想，被宋真宗封为"商圣"。清人胡雪岩亦官亦商，是历史上第一位"红顶商人"，不仅家产过千万两，更为左宗棠收复新疆立下汗马功劳。其他如吕不韦、沈富、王炽、盛宣怀等，不胜枚举。由于商品经济的发展，宋代平民纷纷投身商海，神宗元丰年间，仅京城开封就有工商业者一万五千多户，占总户数的约十分之一。至于明清，一些地方和群体更是把经商视为第一等生业，亦商亦儒，晋商、徽商大行其道，乔致庸、胡雪岩的名号响彻大江南北。可见求富在中国人的传统职业观中根深蒂固，从不避讳钱财的积极意义，一则富是固国安邦的基础，二则古代商人多为读书人出生，始终固守义之大本，知进知退，在谋利的同时不忘为国家和社会利益服务，但也把职业观的世俗化倾向表现得淋漓尽致。这种世俗化的背后是中国人对资源的重视与渴望，拥有和支配更多的资源

---

[1] 计六奇:《明季北略（上）》，中华书局1984年版，第194页。

不仅是个人的成就，而且是家庭和家族的荣耀，因此古代无论为官还是经商，都会广置田产家业、享受生活。虽然皆知"深藏功与名"，但有几人能？

第四，中国人的传统职业观重视职业活动中的自律与他律。自律和他律是职业活动可以取得好结果的前提，其中自律是基础，是从业者自由意志的反映，他律是补充，既可以进一步强化自律的效果，又可以在自律弱化或缺失的情况下强行约束从业者的职业行为，使之不致损害公共利益和他人合法利益。

就自律而言，传统职业观尤其强调职业活动中的诚信和慎独。董仲舒《举贤良对策》曰："夫仁、义、礼、知、信，五常之道。"信即诚信，是中华价值体系最核心的要素之一，《孟子·离娄上》云"诚者，天之道也；思诚者，人之道也"，把诚信上升到了天理人道的高度。韩愈指出"古之所谓正心而诚意者，将以有为也"，柳宗元更是直截了当，提出"文以行为本，在先诚其中"，其实不只是文人要把诚信放在德行的首位，各行各业莫不是如此。诚信体现了一个人的内在修为，而今则是一切经济社会活动的基础，被视为帝王原则。任何一位从业者如果不讲诚信，不仅会无法顺利开展职业活动和从中获得收益，更重要的是会声名扫地，难有翻身之日。诚信是发自内心而以言行表露于外的，换言之，诚信是在与他人的交互中体现出来的。一个人只有当与他产生互动的其他人体会和并认可他是诚信的，他才是诚信的；反之，一个人哪怕他再鼓吹自己多么有诚信，但其他人没有从他的言行举止中体会到诚信并认可之，他也是不诚信的。因此，诚信虽属于职业观中的自律范畴，实际上却是就人的，而自律范畴中的另一项要求——慎独恰是不需要与他人互动情形下的自我约束，是就己的。"慎独"语出《中庸》："莫见乎隐，莫显乎微，故君子慎其独也。"《大学》亦有："诚于中，形于外，故君子必慎其独也。"慎独是一种非常高的道德修养，是君子必须持有的，表明一个人在独处时也能够谨小慎微，严格遵守各项道德规范。慎独意味着从业者首先要慎心，自觉抵制无所不在的各种诱惑，

第一章　中国传统职业观

其次要慎始慎终，正如老子所言："慎终如始，则无败事。"再次要反省，《论语·学而》载曾子曰："吾日三省吾身。为人谋而不忠乎？与朋友交而不信乎？传不习乎？"一个人只有时刻反省自己，才能真正把慎独落到实处，才能做到"仰不愧于天，俯不怍于人"。作为自律的主要要求，诚信和慎独不是割裂的，慎独是诚信的内在基础，诚信是慎独的外在表现，诚信的有利回报会进一步增强坚持慎独的信心。如果一个人人前信誓旦旦诚信，人后却唯利是图，那么他就没有做到信，就是小人，因为只有"小人喻于利"。

纵观历史，绝大多数中国人把诚信和慎独视为职业活动中必须坚守的基本准则，但在世俗化的影响下并非人人都能够如此，仍然有一部分从业者把利视为唯一的或首要的追求，更有一部分从业者认为其是对君王、师长、父母或者行会等而非对自己的选择负责。一旦上述外在关系不复存在，他们就很容易放飞自我，各种丑陋甚至堕落的行为举止往往随之出现。所以职业活动中单纯的自律是不够的，还必须辅以必要的他律，需要自律和他律的共同发力。事实上，鉴于自我构念的集体主义倾向，中国人是比较容易接受家庭道德、君臣道德和行业道德等外在规范约束的，可以为了公共利益而在相当程度上牺牲个人利益。他律主要经由以下形式发挥作用，一是法律规范，比如《周礼》中就有："凡市伪饰之禁：在民者十有二，在商者十有二，在贾者十有二，在工者十有二。市刑：小刑宪罚，中刑徇罚，大刑扑罚，其附于刑者，归于士。"再如贷款利息，历代法典都作了明确规定，如《宋刑统》要求"诸公私以财物出举者……每月取利不得过六分"，《大明律》和《大清律》明确"凡私放钱债及典当财物，每月取利并不得过三分，年月虽多不过一本一利，违者，笞四十，以余利计赃重者，坐赃论罪，止杖一百。"二是行会等行业组织的约束。如宋代规定在街有铺面的从业者不加入行会就不能营业和交易，否则以有罪论处，告发者有赏；由行会根据市场行情确定商品价格，任何行户都不得自行降价交易，吴自牧《梦粱录》就记载杭州城内外的米铺"每户专凭行头于米市作价，径发米到各铺出粜"；各行户的具体经营位置由行会予以划定，以减少行户间的经营矛盾。清代行会规约相当系统完整，从商事登记到伙友工匠、价格调整、度量衡、财务记录、居间贸易等都有规定，甚至官府在断案时都会以行规作为依据。三是民间道德的制约。如义利观就为民间百姓普遍接受，从而对从业者的经营活动起着一定的制约作用。如果从业者唯利是图甚至利欲熏天，必然遭到道德的谴责和人们的唾弃，最终不得不关门歇业。因此自律和他律的有机结合，共同构筑了中国人传统职业观的牢固职业防线并一直延续至今，护佑人们职业活动的顺利开展。

二、中国传统职业伦理

优秀的传统文化让中国人形成了与职业观相匹配的以实现"仁"道、尊崇礼义为主旨的职业伦理体系，具体而言包括重业，人不可无业；敬业，审慎择业，专心执业；乐业，以职业为乐，尽分守职；诚业，诚实守信，遵循规律等内容，从而实现仁义。

第一，重业。中国人对职业的重视自古有之，没有职业就没有职业伦理，重视职业是中国传统职业伦理体系的基础。孔子便是如此，他说："吾十有五而志于学，三十而立，四十而不惑，五十而知天命。"三十岁便可以自立于世道，能够走在正确的道路上，基础是什么？除了通过学习建立面对问题的正确态度和掌握解决问题的本领，即"君子求诸己"外，还必须有自己的职业和事业，否则根本无法自立。孔子是大教育家，主张"有教无类"，却也对两种人发出了"难矣哉"的感叹，一是《论语·阳货》中的"饱食终日，无所用心，难矣哉"，二是《论语·卫灵公》中的"群居终日，言不及义，好行小惠，难

第一章　中国传统职业观

矣哉"。整日无所事事和好耍小聪明的人，即便是孔子这样的圣人遇到了也毫无办法，所以"百行业为先，万恶懒为首"。重视职业与就业是历代中国人始终坚持的，对个人而言，职业提供了养家糊口、安身立命所需，无业不仅被世人鄙视，而且也难以苟活。明清之际，即使是江浙一带所谓的"惰民"也会从事收旧货、卖鸡鸭鹅毛、鼓吹歌唱等营生。读书人如若无法走上仕途，要么转行经商，要么成为师爷，为官员出谋划策，或为教师，开馆"传道受业解惑"。因而《袁氏示范》有言："人之有子，须使有业。贫贱而有业，则不至于饥寒；富贵而有业，则不至于为非。"就业不仅关系到个人和家庭的生计，而且关系到为人品质和社会安宁，人无论贫富贵贱都应当有职业，不可游手好闲。对国家而言，保障就业既是解决民生之需，更是维护社会稳定之需，为每位老百姓提供合适的就业岗位是统治阶级和公共事务管理者的重要职责。早在春秋时期管仲就提出"饮食者也，侈乐者也，民之所愿者也"，"富者靡之，贫者为之，此百姓之怠生，百振而食"，主张通过刺激和扩大消费为老百姓提供更多的就业岗位进而实现安居乐业，被誉为中国古代第一位经济学家。宋代通过募兵制，将"天下失职、犷悍之徒，悉收籍之"，以解决无业失业人员的就业问题，但也造成了宋军臃肿、战斗力低下的严重后果。此外，国家还通过司法途径强制百姓就业，否则就会给予处罚，如《周礼·载师》就规定"凡民无职事者，出夫、家之征"，元代则规定对乡村不务生业、屡教不改者对众举明，量刑惩戒，这些都对"男有分、女有归"的古代社会文明起到了一定的规范作用。所以重业自古以来就为中国人所持，构成了中华文化赓续千年的重要基石。

第二，敬业。如果说重业强调了必须有职业，那么敬业则突出了对职业的敬重和如何做好一份职业。敬是一个人成为好人最简单、最直接的法门，《论语·学而》讲"敬事而信"，就是认为一个人应当做好分内事并持之以恒。什么是敬？朱熹训为"主一无适便是敬"，换言之，做事时精神集中、心无旁骛就是敬。《说文解字》曰："敬，肃也。从攴苟。"攴，治也，治事肃恭之意；苟，急也，有自我告诫、自我反省之意。于是敬也就有端肃、敬慎的含义。从这一角度出发，敬业不但有执业之敬，还有择业之敬。《论语·泰伯》说："邦有道，贫且贱焉，耻也；邦无道，富且贵焉，耻也。"很明显，孔子把职业看成了谋道而不是仅仅谋食的载体，最终目的是实现"仁"道和大同。正是受到了这一看法的影响，中国人养成了"渴不饮盗泉水，饥不受嗟来食"的风骨。表现在择业上，首要是尊重并认可职业所蕴含的特定道德价值，比如清正廉洁、造福一方的官德，有教无类、诲人不倦的师德，救死扶伤、一视同仁的医德，诚信经营、童叟无欺的商德等。虽然囿于自身条件和社会环境等诸多因素的制约，有相当部分古人无法自主择业，而是从事了家庭或其他方面安排的工作，但无论什么职业，拜师仪式都是非常严肃的，拜了师才表明一个人正式进入了某个行业，开始有人引导和帮衬，其过程充分彰显了古人对择业的敬慎之情，并将之具化到了对师傅的敬重上。正如梁启超先生在《敬业与乐业》中所指出的："凡职业没有不是神圣的，所以凡职业没有不是可敬的。"

人为了生活而工作，为了工作而生活，没有了职业就没有了生活，也就没有了实现"仁"道的可能性。"工欲善其事，必先利其器"，古人认为要做好一份职业，首当其冲的是学好并且掌握好它。在这一过程中，勤学、好问、善作是必需的，兢兢业业、如履薄冰的态度同样不可或缺，而后者就是敬业的表现。敬业首先要忠于职业，发自内心的忠表现出来就是敬。无论从事什么职业，出将入相也罢，贩夫走卒也罢，只是个人能力和机遇的不同。如果有为将为相的能力并且正好遇上了如此机遇，一个人就可能出将入相了；反之，能力和机遇二者中只要缺一就难以实现了，贩夫走卒亦是如此。然而将相或贩夫走卒等职业都是社会稳定和发展不可缺少的，也都是个人谋求美好生活的途径，更都是实现"仁"道和大同的路径，本质上是平等的。敬业首先要把职业视为

第一章 中国传统职业观

生命的一部分，全身心地、实实在在地做好做完美，做到极致。就像《庄子》中痀偻者承蜩对孔子说的："我有道也。五六月累丸二而不坠，则失者锱铢；累三而不坠，则失者十一；累五而不坠，犹掇之也。吾处身也，若厥株拘；吾执臂也，若槁木之枝；虽天地之大，万物之多，而唯蜩翼之知。吾不反不侧，不以万物易蜩之翼，何为而不得！"于是孔子感慨道："用志不分，乃凝于神，其痀偻丈人之谓乎！"所以朱熹讲"敬业者，专心致志，以事其业也"，欧阳修所述之卖油翁与痀偻者承蜩可谓异曲同工。其次要乐群。《礼记·学记》曰："比年入学，中年考校：一年视离经辨志，三年视敬业乐群。"原本是讲如何实现学业"小成""大成"进而实现"大学之道"的，后敬业和乐群被并列为对从业者最基本的职业道德要求，强调工作不仅要专心致志，还要处理好人际关系，做到和谐共处。朱熹认为"乐群者，乐于取益，以辅其仁也"，乐群可以吸取他人的优点来完善自己的仁义之心。任何职业从来都不是单打独斗的，都需要群体成员的通力协作。人本质上是各种社会关系的总和，作为社会性存在的人不是孤立的，而是生活在各种社会群体中，两千多年前的荀子就把群视为人与其他动物区别的标志，《荀子·王制》里讲："力不若牛，走不若马，而牛马为用，何也？曰：人能群，彼不能群也。"如何做到乐群？一是视自己为群体的平等一员，遵守群的规则，不凌驾于他人之上，不搞特殊化，不把自己的意志强加于人，不强行要求他人必须配合和服从自己。二是谦虚谨慎，清楚自己的短处和他人的长处，努力做到取长补短、扬长避短，践行"三人行必有我师焉"的古训，不莽撞，三思而后行。三是不卑不亢，不随波逐流，该坚持的时候要坚持，特别是事关原则的时候，但要注意方式方法，以维护群的和谐。

第三，乐业。中国人的至高理想是实现大同，天下为公，那无疑是一种十分幸福的生活。有人会说被好酒、好菜、好玩伺候着不也幸福吗？那只是享乐，不是幸福。幸福是一种心灵的升华，其不是凭空产生的，只有在履行职责的过程中才能得到。《庄子·山木》讲："向也不怒而今也怒，向也虚而今也实"，一切的幸福和痛苦都根源于心情的变化。事实上任何一种职业都需要付出体力和脑力，都是辛苦的，然而只有克服最初的困难并坚持下来才可以在职业上越来越精进，从而体会到职业所带来的物质和精神上的快乐。"业精于勤荒于嬉"，在持之以恒的勤奋中，从业者不仅可以看到职业的发展变化，而且自身也在悄无声息地发生着变化，由不熟悉到熟悉再到游刃有余，相应体会到的不再是痛苦，而是快乐与成就。职业是公平的，快乐与否取决于从事职业的人，取决于人的勤奋与坚持。东晋大书法家王羲之并非生而为书圣，而是不断勤奋努力，废寝忘食、以墨当饭、临水池墨，才取得入木三分的书写效果，博得东床快婿的美名。司马迁在身受腐刑和丧父之痛的情况下编写《史记》，凡十四年方完成，如果没有视如此艰辛枯燥的工作为乐业，相信是无法坚持下来的，而一旦书成，司马迁收到的不只是世人的赞叹，更多的是这项工作带来的无上快乐。所以孔子在《论语·雍也》中说："知之者不如好之者，好之者不如乐之者。"乐业被古人认为是很高的职业境界，以职业为乐，可以杜绝各种各样的游思妄想，排除各种各样的烦躁苦闷，专心致志地做好职业工作，于是乐业和敬业无缝连接起来，乐业可以更好地敬业，敬业反过来让从业者更多地体会到职业的乐趣，进一步强化以职业为乐的观念和行为，实现和增强生活和人生价值。同时，由于体会到了职业带来的快乐，从业者能够以更加平和的心态从事工作，也就更能够与同事和睦相处，更好地乐群。孔子在总结自己时讲："其为人也，发愤忘食，乐以忘忧，不知老之将至云尔。"乐业的好处被表达得简洁明了：甚至连年龄老了都可以忘却。所以说乐业不仅是一种良好的工作状态，而且是一种良好的生活状态。

乐业除了以职业为乐外，还意味着清楚职业的范畴和边界，尽分守职。《韩非子·外储说右上》记载孔子对弟子子路说："夫礼，天子爱天下，诸侯爱境内，

第一章　中国传统职业观

大夫爱官职，士爱其家，过其所爱曰侵。"孔子表面上说礼，批评子路不应僭越礼制，但仔细分析下去，就会发现无论天子诸侯，还是大夫和士，要乐业就要尽分守职，实现对职业服务对象的爱，敷衍了事则违背了礼的要求，就是没有把职分守好尽好，也就无法得到积极的反馈，从而无法体会到职业的乐趣并以职业为乐。孟子把尽分守职扩大至所有的职业从业者，《孟子·滕文公上》曰："尧以不得舜为己忧，舜以不得禹、皋陶为己忧。夫以百亩之不易为己忧者，农夫也。"表面上看孟子似乎在谈圣人与农夫之忧，不过试想一下，如果没有对职业的爱，没有乐业，会有"忧"吗？"忧"实际上是由"尽分"引起的，有尽分守职的主观意愿才会有唯恐无法尽职的忧。荀子进一步把尽分守职提升到了仁和天下至平的高度，《荀子·荣辱》云："故仁人在上，则农以力尽田，贾以察尽财，百工以巧尽械器，士大夫以上至于公侯莫不以仁厚知能尽官职，夫是之谓至平。"如果士农工商皆尽分守职，尽官职、尽田、尽械器、尽财，那么不但可以百姓各乐其业，而且天下可以实现大治，达到儒家的理想社会形态。从这层意义上讲，尽分守职既是乐业所必需，也是实现天下大同的必要条件。作为一项重要的职业伦理要求，乐业不仅影响了古代中国人的职业行为，而且这种影响一直延续到现在，成为维护国家和社会团结稳定的重要价值支撑。

第四，诚业。诚实守信不但是自律职业观的主要组成，而且是中国人职业伦理的重要内容，是"立人之道"和"进德修业之本"。无论是《论语·为政》的"人而无信，不知其可也"，还是《孟子·尽心上》的"反身而诚，乐莫大焉"，都说明了在职业活动中应当贯彻诚实守信这一伦理要求以及贯彻的积极效果，所以周敦颐讲"诚，五常之本，百行之源也"。不管什么职业，如果没有了诚实守信作为根本，恐怕难有立锥之地，而其中为政和经商尤为受古人所重视。"政无信不威，商无信不富"，为政者的威信和经商者的财富毫无例外都应是坚持诚实守信的结果。《论语·子张》记载子夏的话说"君子信而后劳其民；未信，则以为厉己也"，为政者只有坚持诚实守信并得到民众的信任，才能有效地管理民众，不然就会被民众认为是危害他们。所以在古人看来，为政者能否在履职过程中以身作则、诚实守信，不但是其个人修养的体现，而且涉及对民众的影响力和号召力，在相当程度上决定了执政效果和国家的发展。《贞观政要·诚信》讲"言而不信，言无信也；令而不从，令无诚也；不信之言，无诚之令，为上则败德，为下则危身，虽在颠沛之中，君子之所不为也"，不仅明确指出了不讲诚信的危害：为君则败坏名声，为臣则危及生命，而且表明真正的君子即使身处逆境也不屑那么做。北宋理学家张载于《正蒙·天道》中概括，"诚故信，无私故威"，说明就为政者的职业操守而言，诚实守信、大公无私是核心要求。经商是另一个特别强调诚实守信的职业领域，无论商贾还是手工业者，货真价实、诚信经营都是起码的职业伦理要求。《荀子·儒效》云"粥牛马者不豫贾"，就是要求在经商活动中不虚夸、不欺骗，一分价钱一分货，不以假乱真、以次充好。《孟子·滕文公上》曰："从许子之道，则市贾不贰，国中无伪；虽使五尺之童适市，莫之或欺。布帛长短同，则贾相若；麻缕丝絮轻重同，则贾相若；五谷多寡同，则贾相若；屦大小同，则贾相若。"不言而喻，这是要求市无二价，公平交易，童叟无欺。这些诚业的职业伦理要求不仅体现了中华民族真善美的传统文化，而且塑造了赓续千年的诚信商道商风。古往今来，那些能够持续经营上百年甚至数百年的老字号，无一不与坚守诚实守信密切相关，就像北京同仁堂在一副对联中说的：炮制虽繁必不敢省人工，品味虽贵必不敢减物力。

诚业的另外一项重要内容，就是从事哪种职业就要遵守哪种职业的发展规律，不急功近利，不投机取巧。天下没有两片完全相同的树叶，同样天下也没有两种完全相同的职业，每一种职业都有该职业特有的品性，对该职业的熟悉熟练，在该职业领域内的成长发展有其特殊的规律，把其他职业的经验拿来生搬硬套往往只会造成"淮南为橘，淮北为枳"的结果。因此，诚业在这里亦可理解为诚于职业规律。俗语讲"台上一分钟，台下十年功"，说的是戏曲职业如果没有长达多年的唱念做打就匆匆登台表演，由于技艺不精、应变不足，到头来往往被喝倒彩，砸了饭碗。在古代学徒流行这样一种说法：三年学徒，五年半足，七年才能成师傅，也就是说必须经过"三年零一节"即满三年且又经过一个年节日后徒弟方才有了出师的资格，而要真正离开师父自立门户，至少需要五年的时间，但没有七年的摸爬滚打是绝对不会成为师傅并赢得良好口碑的。上述这些都表明只有经历较长时间的磨炼才能了解和掌握职业诀窍和规律，急功近利、投机取巧的后果必然是事倍功半。庖丁解牛的故事众所周知，《庄子·养生主》载："庖丁为文惠君解牛，手之所触，肩之所倚，足之所履，膝之所踦，砉然响然，奏刀騞然，莫不中音。……庖丁释刀对曰：'臣之所好者道也，进乎技矣。始臣之解牛之时，所见无非牛者。三年之后，未尝见全牛也；方今之时，臣以神遇而不以目视，官知止而神欲行。依乎天理，批大郤，导大窾，因其固然。技经肯綮之未尝，而况大軱乎！良庖岁更刀，割也；族庖月更刀，折也。今臣之刀十九年矣，所解数千牛矣，而刀刃若新发于硎。'"庖丁解牛之刀用了十九年刀口仍然像刚用磨刀石磨出的一样，关键就在他对牛的生理构造了然于心。而这种"道"的掌握是通过三年的实践才实现的。庖丁在解牛的过程中了解了牛的生理构造，是诚业的体现。所以尊重并遵循职业发展规律不仅是诚业职业伦理的要求，而且作为中华传统文化的有机组成影响深远，直到现在仍然是职业活动中必须坚持的基本原则之一。

三、三六九等说

有观点认为传统职业观把职业分成了三六九等。所谓九等一说出自班固，其在《汉书·古今人表》中说："譬如尧、舜、禹、稷、卨与之为善则行，鲧、讙兜欲与为恶则诛。可与为善，不可与为恶，是谓上智。桀、纣，龙逢、比干欲与之为善则诛，于莘、崇侯与之为恶则行。可与为恶，不可与为善，是谓下愚。齐桓公，管仲相之则霸，竖貂辅之则乱。可与为善，可与为恶，是谓中人。因兹以列九等之序"，目的是"显善昭恶，劝戒后人"。从中可以看出班固是以善恶为标准把人分为上中下的。九等包括上上圣人、上中仁人、上下智人、中上、中中、中下、下上、下中、下下愚人。即使职业相同，如若善恶有别，一样会被归入不同的等级。例如同为君王，既有被归入上上圣人的炎黄、尧舜禹，又有被归入中中的齐桓公、鲁哀公，更有被归入下下愚人的商纣王、楚平王、吴王夫差；再如同为臣子，有被归为上上圣人的孔子、上中仁人的管仲、左丘明，也有被归为下下愚人的赵高、伯嚭。所以三六九等并非就职业说，而是就人说、就人的品行说。孔子有言："生而知之者，上也；学而知之者，次也；困而学之，又其次也；困而不学，民斯为下矣。"这与中华优秀传统文化十分重视品德并把其列为为人之首要是一致的，德才兼备的人才是真正的人才。

师古曰："言智者虽能利物，犹不及仁者所能济远也。"行稳致远，唯有品德宽厚仁慈之人可以做到，其中蕴含的思想与孔子回答问仁时讲的"民信之矣"是一脉相承的。东汉王充在《论衡·问孔篇》中对此论述得更加具体："智与仁，不相干也。有不知之性，何妨为仁之行？五常之道，仁义礼智信也。五者各别，不相须而成。故有智人，有仁人者；有礼人，有义人者。人有信者未必智，智者未必仁，仁者未必礼，礼者未必义。子文智蔽于子玉，其仁何毁？谓仁，焉得不可？且忠者，厚也。厚人，仁矣。"从中不难理解为什么司马迁于《史记》中把《伯夷叔齐传》列为众传之首了，二人虽无丰功伟绩，但为德之典范且"求仁得仁"。事实上，每个人天赋有别、境遇不同，所能达到的仁

第一章　中国传统职业观

的高度也不同,诚如阳明先生于《传习录》中所说:"人到纯乎天理方是圣,金到足色方是精。然圣人之才力亦有大小不同,犹金之分两有轻重。……分两虽不同,而足色则同,皆可谓之精金。……以夷、尹而厕之尧、孔之间,其纯乎天理同也。……故虽凡人而肯为学,使此心纯乎天理,则亦可为圣人,犹一两之金,比之万镒,分两虽悬绝,而其到足色处可以无愧。故曰:'人皆可以为尧舜'。"因此一个人只要尽己所能达到了能够达到的最高度,就是至仁,就是圣人,与从事的职业没有关系。比如儒,本是从巫、史、祝、卜中分离出来专门从事丧葬礼仪的人,这种职业不但地位低微,收入少,财产少,做事时还要仰人鼻息,往往形成比较柔弱的性格,所以《说文解字》对儒的解释为:"儒,柔也,术士之称。"然而孔子把儒和君子联结起来,告诫弟子要"为君子儒,无为小人儒",并且指出儒有仁的品质,"温良者,仁之本也;敬慎者,仁之地也;宽裕者,仁之作也;孙接者,仁之能也;礼节者,仁之貌也;言谈者,仁之文也;歌乐者,仁之和也;分散者,仁之施也。儒皆兼此而有之"。因此,九等之序无关乎职业本身,而是关乎何种品性的人从事职业,三百六十行,行行皆可出状元。

不过历史上有无职业先后的划分?的确有。元代就有"一官二吏、三僧四道、五工六农、七匠八娼、九儒十丐"的说法,然而这与元特殊的历史背景有关。元是由经济文化落后的游牧民族征服社会生产力水平先进的农耕文明后建立的,为了维护统治,元统治者把人口都分为蒙古人、色目人、南人和汉人四等,一出生就有了高低贵贱之分,何况职业?而且元自建立起就取消了科举,直到元仁宗延祐元年(1314年)才恢复,中断三十余年,读书人在此期间确实地位尴尬,无论出于自嘲还是宣泄不满,儒被排到了第九位,只比乞丐好一点,连娼妓都不如。但这并非绝对的,儒向更高地位转化的路径没有被完全堵死,比如大名鼎鼎的科学家、水利专家郭守敬,在忽必烈时期就因名士举荐而仕途亨通。待元仁宗恢复开科取士后，读书人一如历朝历代可以考取功名、入朝为官。僧道地位高则与特定的历史和人物有关。蒙古人普遍信仰藏传佛教，萨迦法王八思巴是忽必烈的帝师，不仅创制了新蒙文，更是选址、设计和规划了元大都城；道教全真派长春真人丘处机不远万里往返中亚面见成吉思汗，以赤诚之心劝诫后者少杀戮、轻徭薄赋、与民休养生息，获得免除道士赋税之赏，使道教在元代迅猛发展。农民地位下降一则与蒙古人是游牧民族有关，二则与征战对工程技术人员需求旺盛有关。不过上述说法只是元代人的主观感受，有着鲜明的时代特征，并非放诸四海而皆准，也未能改变中国人一直以来的职业观，在元以后鲜被提及。

第二章

"执两用中"方法论与中国传统职业观

中华文明五千年历史长河中，各种思想璀璨如星河，如成书于西周的《易经》就提出了"天人合一"的思想，指出人类与自然界是密不可分的整体，人类应顺应自然规律，与自然和谐共处。到了春秋战国时期，一方面铁器和牛耕的应用使得经济大为发展，另一方面各诸侯国战火不断，礼崩乐坏，社会急剧变化，复杂性和不确定性增加，各种思想流派不断涌现，形成百家争鸣的壮观局面，其中尤以道家和儒家思想对中华传统文化的影响最为深远。老子创立的道家学派承继了《易经》的主要思想，提出要"道法自然"，要从事物正反两方面相互转化中思考问题，庄子发展了这一思想，认为治理国家要顺应自然和民心，人应保持独立人格，追求精神自由。孔子提出了儒家以"仁"为核心的思想，主张经由义礼智信而实现"仁"道和天下大同，视"仁"为处理人际关系的道德规范和最高准则，后孟子发展出"民贵君轻"的民为邦本思想。其他如墨家的"兼爱""非攻"思想和法家的法治思想也在相当程度上影响了中华传统文化。西汉时期，随着董仲舒提出"罢黜百家、独尊儒术"，儒家思想成为思想之正统，为历朝历代所推崇，直至今天仍深刻影响着中国人的经济社会生活，其中中庸思想表现得尤为显著。

第二章　"执两用中"方法论与中国传统职业观

第一节　中庸思想概述

"中庸"一词最早见于《论语·雍也》："中庸之为德也，其至矣乎！民鲜久矣！"然而中庸思想可追溯至老子，《道德经·第五章》云："天地不仁，以万物为刍狗；圣人不仁，以百姓为刍狗。天地之间，其犹橐籥乎？虚而不屈，动而愈出。多言数穷，不如守中。"

一、中庸释义

什么是"中庸"？孔子没有给出具体解释。西汉郑玄是已知最早给出解释的人，其在《礼记正义》中讲："中庸者，以其记中和之为用也。庸，用也。"中庸即为用中。三国时期的何晏于《论语注疏》中言："庸，常也。中和可常行之德也。"待至北宋时期，"中庸"得到了进一步的释义，《二程遗书·卷十五》中程颐的解释可以说较为全面且不失精当。程颐以为："中者，只是不偏，偏则不是中。庸只是常，犹言中者之大中也，庸者是定理也。定理者，天下不易之理也，是经也。孟子只言反经，中在其间。"又曰："不偏之谓中，不易之谓庸。中者，天下之正道，庸者，天下之定理。"朱熹继承了老师程颐的说法而在《四书章句集注·中庸章句》中概括，"中者，不偏不倚，无过不及之名。庸，平常也。"并补充道："行得恰好处，无些过与不及，乃是知得分明，事事件件，理会得一个恰好处，方能如此。"朱熹用"行得恰好处"和"理会得一个恰好处"把"中"解释得颇为透彻。"中"在甲骨文和金文里像"有旒之斾"，上下旗斿飘动，口为立中之处，众人围绕"中"以听命，故而"中"必须恰好，而"知得分明"当然是以"仁"为标准和依据的。由是中庸得以普遍的解释，庸是不变之常理，是经，是礼；中是恰好，是理解和行为的关键。当常理合乎礼时就执行，不符合时就超越常理寻求大中至正之理，即符合"仁"。《朱子语类·中庸》曰："守常底固是是。然到守不得处只着变，而硬守定则不得。至变得来合理，断然着如此做，依旧是常。"孟子讲嫂溺而援手便是常变，因其体现了怵惕恻隐之心而满足了"仁"，故有"孟子反经，中在其间"。

因此，中庸不是机械地固守不变，不仅"中"是应时而动、随事制宜，而且"庸"也是强调行为在适宜基础上的可重复性，而非固守某一特定的模式并放弃开放的面向。"不得已处，只得变。变得是，仍旧是平常。"(《朱子语类·中庸》)从这层意义上讲，中庸不是僵化的而是与时俱进的，求变是中庸的本有之义，在中庸思想中不变的只有一点，那就是符合"仁"。相应地，"庸"也只是一定时空域内的常，超越了该时空域就得变，以适应新的时空域。《说文解字》讲"庸"，"从用、从庚，庚，更事也"，亦表明了"庸"内含的变化性。"恰好"同样意味着"中"不是理论的、静态的，而是实践的、动态的，需要通过日用常行去差异化践履的，否则空有一套关于"恰好"的理论，也难以应用到具体实践活动中并起指导作用，就如《朱子语类·大学》所言："只道体正，应物未必便正。此心之体，如衡之平。所谓正，又在那下。"所以，中庸归根结底是有关实践的指导思想，其中，中的"恰好"需要经由践行庸的"常"来彰显，庸的"变"的承继和转移依赖中的"恰好"为目标和中继，二者相互贯通，互为支撑，构筑起丰富多元现实生产生活场景的有用评判标准。

二、中庸思想的实践指导意义

中庸思想是实践性的，而且这种实践性在《论语》中表现得尤为明显。孔子的言语在对象有异、时间有异、情境有异时不同，甚至反转，看似矛盾，实

第二章 "执两用中"方法论与中国传统职业观

则是他遵循中庸原则、坚持常变结合的智慧的体现。例如孔子对不同弟子问仁的回答就反映了这一点。颜渊问仁。子曰:"克己复礼为仁。一日克己复礼,天下归仁焉。为仁由己,而由人乎哉?"(《论语·颜渊》)仲弓问仁。子曰:"出门如见大宾,使民如承大祭,己所不欲,勿施于人,在邦无怨,在家无怨。"(《论语·颜渊》)子张问仁于孔子,孔子曰:"能行五者于天下,为仁矣。"请问之。曰:"恭宽信敏惠。恭则不侮,宽则得众,信则人任焉,敏则有功,惠则足以使人。"(《论语·阳货》)颜渊即颜回,是孔子弟子中学问最好的,也是孔子期望最高的,故而对颜回的要求是克己复礼;仲弓即冉雍,孔子对他的要求是己所不欲,勿施于人,做好待人接物即为仁;子张立志当官,孔子强调只有践行"恭宽信敏惠"的德性才能做到仁。樊迟多次问仁,孔子其一曰:"先难而后获,可谓仁矣"(《论语·雍也》),其二曰:"居处恭,执事敬,与人忠,虽之夷狄,不可弃也"(《论语·子路》),前者是针对"务民",后者是针对待人接物,场景不同,目标不同,答案不同。故《论语·子罕》载,颜回喟然叹曰:"仰之弥高,钻之弥坚,瞻之在前,忽焉在后",颜回敬仰的最主要原因就是孔子时时处处秉持了中庸之道,这正是孔子为圣人而常人不可及的原因之所在。

仲尼曰:"君子中庸,小人反中庸。君子之中庸也,君子而时中;小人之反中庸也,小人而无忌惮也。"(《中庸》)君子之所以为君子,与其按照中庸思想为人处世密不可分,小人之所以为小人,同样与其在实践活动中不遵循甚至违反中庸之道有关。君子如何才能做到中庸,最关键的是时中,无论时间还是人或者事情改变了,中都要随之改变,僵化无变肯定不是中。中是恰好,是无过与不及,因而需要权。《论语·子罕》曰:"可以共学,未可与适道;可与适道,未可与立;可与立,未可与权。"权被孔子赋予了至上的地位,超越了共同学习、一起探讨和坚守道。张载在《正蒙·中正篇》说:"志学然后可以适道,强礼然后可立,不惑然后可与权。"由是权亦超越了礼,在面对大千世界的纷繁复杂和不确定性时，礼可能捉襟见肘，权却能因应而变，由不惑而知天命，权离不开极高的道德修为。什么是权？程子曰："权，秤锤也，所以称物而知轻重者也。可与权，谓能权轻重，使合义也。"（《四书章句集注·论语集注》）《中庸》云："仁者，人也，亲亲为大。义者，宜也，尊贤为大。"所以权是权衡利弊、明辨是非以寻求"恰好"的智慧和行为，要合乎礼并受到义的规范。义并非一成不变，《孟子·告子下》云："三子者不同道，其趋一也。一者何也，曰：仁也。君子亦仁而已矣，何必同？"阳明先生《传习录·答欧阳崇一》亦讲："义者，宜也，心得其宜之谓义。能致良知则心得其宜矣……君子之酬酢万变……斟酌调停，无非是致其良知，以求自慊而已。"作为一切行为的标准，义是开放和发展的，所以君子"当行则行，当止则止，当生则生，当死则死"。唯有"仁"是亘古不变的，因而权轻重使合义的核心就是要满足作为仁之本的良知的要求，也就是泛爱众，有恻隐之心，视天地万物为一体，实际上即致良知。从这一视角出发，中庸思想不仅是实践性的，而且是与中国人的现世精神一脉相承的，是现世主义在思想上的集中体现。权的目的是中，中的标准是和，"中也者，天下之大本也；和也者，天下之达道也。致中和，天地位焉，万物育焉。"（《中庸》）中是天下最根本的，和是人们共同遵守的规则，无论作为道德修养还是指导认识事物的思想，中庸的主旨是致中和，中和是一种非常美好的境界，天地万物各安其分，各守其位，各得其所，和谐共生，欣欣向荣。其中蕴含的中和之道与天地万物为一体之理相互呼应，赋予了"和"实在而非抽象的评判依据，即符合包括人类社会在内的生态系统发展变化的规律，抑或说满足人与社会、自然之命运共同体的要求，一团和气不是真正的"和"，更无法"致中和"。

《周易》之乾卦讲"天行健，君子以自强不息"，坤卦讲"地势坤，君子以厚德载物"。现世精神意味着逆境需要自我主动去克服，美好生活需要自我

第二章 "执两用中"方法论与中国传统职业观

积极去创造，以现世精神在实践活动中践行中庸思想，首先就要向天地万物学习。天地万物的生命力是如此顽强，运行是如此刚健有力，夜以继日，生生不息，人自然不应轻言放弃，而是要坚韧不拔、刚毅坚卓，自觉奋发图强，这不仅是人的主体性的体现，而且是实践视域中的生命意义所在。孔子认为"中庸之为德也，其至矣乎"，中庸作为至高无上的道德修养，不是轻而易举就能达到的，也不是可以一蹴而就的，必须要付出艰辛的奋斗，克服本我的惰性与冲动。在此过程中离不开"吾日三省吾身"，不断地自我总结、反省、提升与完善才能真正做到正心、修身、养性。反之，如果心浮气躁、急功近利，而不是像天地万物那样始终如一，就根本无法有所长进，也就无法真正理解和达到中庸并以之指导实践。其次要向大地学习。大地是如此厚实和顺，默默而平等地承载着万物，没有厚此薄彼，没有邀功请赏，人同样应保持心态开放，增厚美德，主动海纳百川。这既是成长所必需，也是成熟的标志。"庸"是常，更是变，始终有着开放的面向，敏锐地觉察着世道的发展变化并给予积极的回应。所以为实现中庸就要克服以我为中心的小我，以放空和归零的心态接纳世间万物，从中汲取发展和完善自己需要的知识和力量。人能群，人是在群体中生存和发展的，从而决定了无论生活还是工作的艰辛奋斗都不是孤立的，离不开他人的合作与支持。有容乃大，像大地那样以开放包容的方式与他人、组织乃至万物和睦共处，实则是视天地万物为一体的仁之本的体现，也是实现中庸之道的必由之路。"自强不息"是事生的态度和行为，生命不息，奋斗不止；"厚德载物"是中庸的基础和条件，厚实德行，仁者爱人。二者相辅相成，自强不息外显，厚德载物内隐，显示了外在自我与内在自我的统一，并且这种统一是以自爱为基础的，无自爱如何自强不息，何以厚德载物？自强不息反映了行中庸之道的深度，厚德载物则决定着行中庸之道的广度。再次要致良知，要知行合一。就本质和开端而言，中庸作为至德调和了仁和礼之间的不一致，终极目标是实现"仁"道。《王阳明先生全集·卷二十六》讲:"大人之能以天地万物为一体也,非意之也,其心之仁本若是,其与天地万物而为一也。""明德之本体,而即所谓良知也。""自明其明德,复其天地万物一体之本然而已耳"。良知是知,是对天地万物之一体之仁,是理想;致良知是体会心之良知的呼唤并采取行动,知行合一方为完成,即所谓"知是行之始,行是知之成",知行本一事,"未有知而不行者。知而不行,只是未知"。知行合一是理论与实践、精神与物质、思维与存在的统一,以显著方式塑造了中国人的思维和行为,指导在认识论的基础上更深入地投身实践,实现理想。它不仅规定了自强不息的边界和方式,而且确认了仁的崇高价值,指示了在实践中践行中庸思想的路径:端正认知,克服困难,进而知行合一。中和是世界原本应有的状态,只是由于人类的虚妄才危机重重,因此践行中庸思想而致中和,一要去虚妄,不过度追求名利等身外之物,心态至诚,"诚者天之道也,诚之者人之道也。诚之者,折善而固执之也。"(《中庸》)二要自信,相信自己能行。良知"虽小人之心,亦必有之"(《王阳明先生全集·卷二》),任何人如果把自己的好做到了极致,都是在转危为机,在致良知,在践行中庸思想而致中和。三要坚持实践是认识和检验真理的唯一标准。阳明先生讲:"你未看此花时,此花与汝心同归于寂。你来看此花时,则此花颜色一时明白起来。"(《王阳明先生全集·卷三》)此言不但有"薛定谔的猫"之义,而且表明凡事需实践,经由实践了解事物,发现真相,从而去伪存真、去芜存菁,获取一条"恰好"之道以践行并实现世界中和。

第二章 "执两用中"方法论与中国传统职业观

第二节 "执两用中"方法论

在实践活动中践行中庸思想，最根本的是权中、用中，守中致和。因此，窥全貌而求恰好的"执两用中"就成为践行的重要方法论。作为一种传承数千年的有用方法论，"执两用中"是先贤们的智慧结晶，蕴含着朴素的辩证思想，凝结着崇高的价值追求，承载着美好的道德愿景，是被中国人世代继承和发扬的优秀传统文化的重要组成要素。

一、"执两用中"的内涵

"执两用中"方法论的内核是中庸思想，在儒家文化中占据核心地位。《论语·子罕》曰："吾有知乎哉？无知也。有鄙夫问于我，空空如也。我叩其两端而竭焉。"面对问题时，孔子总是采取反复叩问其两端的方法，以掌握问题的全貌，求得中常解决之道，即"择乎中庸"达到"有知"。"执两用中"源自尧舜的治国理政经验，《中庸》有"子曰：舜其大知也与！舜好问而好察迩言。隐恶而扬善，执其两端，用其中于民。其斯以为舜乎！"舜总是掌握过和不及两个方面的意见，仔细权衡得失，然后采纳符合中庸之道的来施行于百姓，因而中庸实有"执两用中"之义，执两是为了用中。"中也者，天下之大本也"，中普遍存在于天地万物之中，从世界之大到尘埃之微，都以中为根本，因此，中是至简的。但同时中又是至难的，子曰："天下国家可均也，爵禄可辞也，白刃可蹈也，中庸不可能也。"（《中庸》）可见相对于中庸，治理国家、辞去爵禄、蹈于白刃等难事反而是容易的，故而孔子在感慨中至难时说中庸"民鲜能久矣"。

正因为中至简至难，"执两用中"被儒家视为君子人格的关键。《论语·先进》载，子贡问："师（子张）与商（子夏）也孰贤？"子曰："师也过，商也不及。"曰："然则师愈与？"子曰："过犹不及。"朱熹《论语集注》对此解释为"子张才高意广，而好为苛难，故常过于中。子夏笃信谨守而规模狭隘，故常不及。"不难看出正是子张和子夏二人人格品性的差异才导致了过与不及的后果。孔子认为过与不及本质上是相同的，都是差之毫厘谬以千里，都与君子人格的要求有差距。故此孔子在评价得意弟子颜回时说："回之为人也，择乎中庸，得一善，则拳拳服膺而弗失之矣。"颜回是内圣的典型，他选择中庸之道并把它像宝石一样小心翼翼放在胸口，不敢有丝毫偏差地坚持下去，"回之为人也，择乎中庸"充分表达了孔子对颜回老练智慧和高尚人格的肯定和表扬。坚守中庸之道，运用执两用中分析和处理现实问题，不仅是中国人心目中君子应当具备的素养，而且是包括学习、交友、事业等取得理想结果的保证。孔子对子张和子夏二人的评价，其实就包含着对二人交友的批评。孔子说"师也辟"，认为子张过于理想，交友的面很广，广得有些过，子夏则相反，好与贤己者处，否则就不结交，交友面太窄，容易忽视别人的长处和进步，同样不妥，显得个人修养不够，不是君子应为的。所以，相较于中庸，执两用中更是方法论的。

中一直是中国人所推崇的，但中不是结果，尚中是为了求和。用中、守中的目的不是以中的统一性取消多样性，而是致和，实现多样性和谐统一的美好状态，因此和是中的目的和价值归宿。孔子讲"礼之用，和为贵"，和即大同，即实现仁。《孟子·告子上》云"仁，人心也"，人的本质是仁，仁具有统摄性作用，执两用中的方法论最终指向仁。"仲弓问仁。子曰：'……己所不欲，勿施于人。'"（《论语·颜渊》）"其恕乎！己所不欲，勿施于人。"（《论语·卫灵公》）以己之心，推己及人，己所不欲勿施于人，己之所欲亦施于人，即"忠恕之道"。忠，敬也，《说文解字注》曰"未有尽心而不敬者"，故尽心为忠；恕，仁也，《论语程注》云："恕者，仁之施也。"由是致和就需要更高明的忠恕之道的承载。忠恕之道蕴含着和为贵、和而不同、求同存异等伦理要求，是走向和的道德践履，忠恕只是一物，经由忠恕的对立统一，天地万物中和的理想局面就实现了。故子曰："参乎，吾道一以贯之。"曾子曰："夫子之道，忠恕而已矣。"（《论语·里仁》）贯，通也。焦循《论语通释·一贯忠恕》云："一贯者，忠恕也。忠恕也，成己以及物也。"由此可见孔子主张的"仁"需要经由忠恕以实现，忠恕既执己与人两端，又贯通己与人两端，即为"执两用中，一以贯之"之法。"舜于天下之善，无不从之，是真一以贯之，以一心而容万善，此所以大也。"（《论语通释·一贯忠恕》）舜之所以大，就在于坚持忠恕，因而执两用中，成己并贯通于人才是真正的"一以贯之"。《论语·雍也》曰："夫仁者，己欲立而立人，己欲达而达人。能近取譬，可谓仁之方也已。"可见通往仁的道路即"仁之方"就是"一以贯之"，就是忠恕之道，就是执两用中。孔子在谈到治学时曰："赐也，女以予为多学而识之者与？"对曰："然，非与？"曰："非也，予一以贯之。"在此孔子把"一以贯之"从"仁之方"的高度落实到日常的为人治学之中，在孔子看来，只要坚持了忠恕之道和"执两用中、一以贯之"的方法论观察和处理人和事，就可以拨云见日，行稳致远。

二、"执两用中"的思维方法

"执两用中"方法论与其内在的中庸思想二者内外呼应，交相辉映，深远影响了中国的传统文化和历史进程，培育和形塑了中国人的文化心理、思维方式和生产生活方式等，即使在中外交流日益密切、各种思想文化碰撞融合的全球化时代，中国人的思维方法仍深深印刻着"执两用中"的烙印且历久弥坚。

（1）"执两用中"的辩证思想。"两"具有普遍性，世间的任何事物都由正反两面构成，只有一面的事物是不存在的。《易传·系辞上》有"一阴一阳之谓道，继之者善也，成之者性也"，老子也说"道生一，一生二，二生三，三生万物，万物负阴而抱阳，冲气以为和"（《道德经·第四十二章》）。道是一切的本源，是独一无二的，道中本就有阴阳二气，一阴一阳的交互运动就是道，天地万物的发展变化皆由阴阳和合而成。阴阳不可离开对方而独自存在，亦即没有纯粹的阳或者阴。《正蒙·乾称》讲"若道，则兼体而无累也。以其兼体，故曰'一阴一阳'"，道因为有阴阳二气才"无累"，气在变化之中有清浊、动静、屈伸等，相对应的两个方面都不可偏废，天地万物莫不如此。王夫之继承了张载之说，并用对立统一观点解释一阴一阳，"'一一'云者，相合以成，主持而分剂之谓也。无有阴而无阳，无有阳而无阴，两相倚而不离也。随其隐见，一彼一此之互相往来，虽多寡之不齐，必交待以成也。"（《船山全书·周易内传》）阴阳二气既相对又相通，既相分又相合。全面认识任何事物都离不开对阴阳二气辩证关系的理解，"执两用中"正是通过把握事物阴阳两方面相互对立、相互依存、相互影响的变化规律来认识和解决问题的。"两"是事物的两端，过与不及，吸取过与不及两端的合理性，摒弃不合理之处，然后寻求"恰好"的中，无疑凝聚着颇为深刻的辩证思想。正是依靠辩证的思维方法，千百年来的中国人才可以全面地认知事物、安排职业与人生，一来与天地万物和谐共处，二来维护了现世主义和奋斗精神，不坠入"等靠要"之中。

（2）"执两用中"的极致思维。孔子说："中庸之为德也，其至矣乎！"中庸思想有着至高至上的地位，相应地，"执两用中"的"中"也不是简单的折中调和，而是在全面认识事物之两端的基础上追求问题的最佳解决之道，因此"执两用中"实际包涵力求极致的思维方法。《大学》云："大学之道，在明明德，在亲民，在止于至善。"王阳明认为："明明德者，立其天地万物一体之体也。亲民者，达其天地万物一体之用也。……至善者，明德、亲民之极则也。"（《王阳明全集·大学问》）从中不难看出，"至善"就是把仁之本做到极致，而

第二章 "执两用中"方法论与中国传统职业观

"中"亦乃"善"之极致。由是"执两用中"对人的修养提出了极高的要求，所以《大学》又讲"苟日新，日日新，又日新"，强调君子当具有持之以恒的态度，每天都要有进步，不断提高自身素质，同时要主动革新，弃旧图新，从细微处着手，以创新的姿态适应和推动社会历史发展，动员和带动更多的人为善，即"《康诰》曰：'作新民'"。可见因循守旧不是中国人的传统，中华文化是非常注重创新的，故此在这片古老的东方大地上才能开启一次又一次伟大的事业，尤其是改革开放和民族复兴的百年中国梦。创新更是位列五大新发展理念之首，就如"诗曰：'周虽旧邦，其命维新'"之写照。这一切就是"止于至善"，就是"是故君子无所不用其极"，中国人要么不做事，要做就要做到完美，这是"执两用中"的极致思维使然。《中庸》所讲的"从容中道"和"致广大而尽精微，极高明而道中庸"就是这一道理，把精微之处了解掌握透彻才能认识广博的世界，待人接物遵循中庸之道才能洞察世间万物。精益求精、臻于至善是"执两用中"极致思维方法的最好表征。

（3）"执两用中"的忠恕思维。儒家思想强调的"一以贯之"即为忠恕之道，致中和也必须经由忠恕。《四书章句集注·论语集注》讲"伊川谓'尽己之谓忠，推己之谓恕'"和"圣人之忠便是诚，圣人之恕便只是仁"，忠既涉事也涉人，重点是对人对事要诚实质朴，"尽己"即在于此。《论语·子罕》曰："主忠信，毋友不如己者，过则勿惮改"，在孔子看来，只有当举止言行都体现出本真的诚实质朴时才可产生信和取得人信，而人与人的相互信任更易激发恻隐之心，做到尽良知。"吾日三省吾身，为人谋而不忠乎"就包含有检讨自己是否忠诚于事之义。所以忠恕思维的首要是讲诚事，坚守日用常行的诚于事原则，不自以为是，不欲盖弥彰，如此才是真正了解了事，才无所不实，才是尽己，才有自信，能取信于人。从这层意义上讲，事之无限，忠亦有无限可能性。忠是恕的底色，《论语集注·忠恕》言"己若无忠，则从何物推去？无忠而恕，便流为姑息",这种爱人绝不是"仁",而是无原则的纵容,是不恕,即所谓"细人之爱人也以姑息",不是君子应所为。反之,如果己忠但不推己及人,同样是不恕。因此日用常行千条万绪,最重要的一条便是尽己之上的"推"字,把为己的有限性推及至待人的平等性,把"老吾老、幼吾幼"推及至"人之老、人之幼"。《格言联璧·持躬类》曰"以恕己之心恕人,则全交;以责人之心责己,则寡过",严于律己,宽以待人,严格要求自己尽己,主忠信,尽良知,多从他人角度出发设身处地为他人着想,有助于更好地推己及人,更好地达到中而和,因为有时候过度的爱会是一种变相的伤害,过犹不及的道理就在这之中。

(4)"执两用中"的德性思维。"中庸之为德也",中庸作为道德品质的体现,影响了身为主体的人的"执两用中"之德性思维。其一是至诚思维。诚不仅是忠的基础,而且是天道法则,《孟子·离娄上》曰"诚者,天之道也;思诚者,人之道也",天地万物依其本性,没有不诚的,人若不诚就丧失了为人之基本,唯有思诚者才能通过不断地自我反思使自己的道德修为达到天人合一的中和境界。"中者,天下之正道也",天道至中,天道亦至诚,"诚者,不勉而中,不思而得,从容中道"。坚持"执两用中",首先要诚,要至诚,"唯天下至诚,为能经纶天下之大经,立天下之大本,知天地之化育"(《中庸》)。其二是生生思维。"中也者,天下之大本也;和也者,天下之达道也。致中和,天地位焉,万物育焉。"中和是中国人的终极追求和理想境地,其根本价值目标是天地万物生生不息。《周易·系辞上》曰"生生之谓易",易的本质就是生生不息,中华文明绵延数千年的秘密就在于生生不息。《列子·天瑞》载,"子贡倦于学,告仲尼曰:'愿有所息。'仲尼曰:'生无所息'",《庄子》亦云"生生不息,天道也",万物生生不息而中和,中和是天地万物本有之性状。《中庸》曰"唯天下至诚……则可以赞天地之化育;可以赞天地之化育,则可以与天地参矣",只有至诚才能用中,才可以辅助天地万物的演化发育。其三是圣贤思维。

第二章 "执两用中"方法论与中国传统职业观

在传统文化中，拥有理想人格的人被称为圣贤。"唯天下至圣，为能聪明睿智，足以有临也"（《中庸》），舜被视为圣贤的榜样，其以"执两用中"处世、治世，"好问而好察迩言，隐恶而扬善，执其两端，用其中于民"。孔子盛赞："其仁如天，其知如神。就之如日，望之如云。富而不骄，贵而不舒。"（《孔子家语·卷五》）圣贤思维实含有民本之意，虽然能成圣贤者少之又少，但不妨碍历代中国人以圣贤为思维之楷模，以善约束自己，三省吾身，寡过知非，如临深渊、如履薄冰，笃实力行。

（5）"执两用中"的与时俱进思维。"君子而时中"，中即时中。世间唯一不变的就是变化，变化是世界的本质属性，天地万物总是处于永恒的变化之中，新的矛盾和问题总是层出不穷，人们需要不断适应发展变化了的新现实。要用发展的眼光看问题、思考问题，与时俱进，不能沉迷于过去而裹足不前。过去不能代表未来，哪怕过去再辉煌。物之两端是变化而不是僵化的，用中是寻求那个"恰好"并践履，实则权的过程。昨天是恰好的，不代表今天也恰好，今天恰好的，不意味明天仍然恰好；此处恰好的，不代表别处也恰好，反之亦然，恰好是在一定时空域内存续的。与时俱进自古有之，《周易·丰》曰"日中则昃，月盈则食。天地盈虚，与时消息"，人们应该"终时乾乾，与时偕行"（《周易·乾》），做到"穷则变，变则通，通则久"，与时俱进集中体现了中华民族的不朽智慧。管仲说"应言待感，与物俱长"（《管子·侈靡》），人的所言所感要反映客观现实，所思所想应与世间万物共同成长，反之如果抱残守缺，不能与变随化，就会丧失时机，事业就会殆而不兴、废而不立。"任重而道远者，不择地而息"（《韩诗外传》），与时俱进的道路不会平坦，因为平坦意味着不变，意味着失去了伴随与时俱进的奋斗与创新。与时俱进贵在坚持，即使道阻且长，也要始终怀有不择地而息的精气神，砥砺前行。如果思想和行为不能克服困难与时俱进，就只能接受大浪淘沙的结局，或被拍死在沙滩。传统优秀文化非常重视与时俱进思维,并将是否具备"中庸"视为君子与小人的分野,"君子之中庸也,君子而时中;小人之反中庸也,小人而无忌惮也"。中庸本就是与时俱进的,如果没有了"执两用中"的与时俱进思维,没了权,中庸也就成了镜中花、水中月了。

三、"执两用中"的实践之道

作为一种全方位形塑了中国人和影响了中国历史进程的方法论,"执两用中"从来都是实践的,从先民与天地万物的互动中诞生,于问仁和践履仁的实践中发展,在社会革命和建设的历程中完善。"执两用中"方法论形成的春秋时期是礼崩乐坏、战火纷飞的大变局时代,如何在混乱的局面下克己复礼,恢复和实现天地万物和谐共生的中和状态,到达以仁为本质和天下为公的大同盛世,是以老子和孔孟为代表的先贤们深入思考和努力实践的课题。孔子兴教办学、周游列国,弟子广泛从事社会公共事务,把以"仁"为核心的儒家思想和"执两用中"的方法论付诸国家社会治理和历史进程中,形成了从个人到家国的实践之道,教会人们认识和处理各类问题的一般规律和方法。

(1)坚持观察和处理问题的全面性,不以偏概全,避免走极端。

首先要执两。"执两用中",执两是前提。列宁指出:"要真正地认识事物,就必须把握住、研究清楚它的一切方面、一切联系和'中介'。我们永远也不会完全做到这一点,但是,全面性这一要求可以使我们防止犯错误和防止僵化。"❶任何事物都不是孤立的,不仅相互之间存在普遍联系,即使同一事物的各组成部分也不是原子式的,正是事物之间、事物各组成部分之间的交互作用

---

❶《列宁全集》第40卷,人民出版社1986年版,第291页。

第二章 "执两用中"方法论与中国传统职业观

才构造了事物本身。因此对事物的认识应当是全面的,不仅是事物自身,而且包括事物所在的系统,纯粹抓住一点或一面是无法真正认识和把握事物的,也是无法有效解决问题的。把握过和不及两端,实际上就是在全面地认识和把握事物,既有业已显露出来的两端,也有隐藏着尚未显露的两端,如同冰山,只有既看清了露出水面的部分,更清楚了隐在水下的部分,才是真正认识了它。两端不能简单等同于矛盾的两个方面,因为两端不总是截然对立的,如过度的爱就是一定程度的害似的。不过过和不及两端是相互依存和可以相互转化的,人们可以从这种相互依存、相互转化的辩证关系中进一步把握事物发展变化的状态,从而寻得恰好的"中"并采取合情合理且恰如其分的针对性行动。这一点可以从"中"的甲骨文和金文写法得到启示。"中"本为旗杆的中央位置,其寓意有二:一是中部为旗杆的要害处,中部加固了,旗杆就不至于被折断;二是旗杆不被折断,人们很远就能看到旗杆两端飘扬的旗旆,从而向旗杆聚拢以听命,因而确定"中"处就尤为重要,执过和不及两端就是为了把握住适当的"中",进而推动问题的解决并立于不败之地。

其次要用中。执两的目的是用中,只执两而不用中不是真正的执两,不执两就用中无法实现真正的用中。用中是体,执两是用,二者体用一体,既非绝对的两,也非绝对的一,执两是用中的表现,用中必须经由执两来实现。在实践中,如果只了解问题的一面便是执一端,不得取其中,更不得用之。《孟子·尽心上》曰:"杨子取为我,拔一毛而利天下,不为也。墨子兼爱,摩顶放踵利天下,为之。子莫执中,执中为近之;执中无权,犹执一也。所恶执一者,为其贼道也,举一而废百也。"仁包含两大层面:差等之爱与一体之仁,既承认"爱有差等"的生活实情,又通过"推己以及人物"超越差等之爱,走向"一视同仁"。只有差等之爱便会造成杨子的过度自我,只强调一体之仁便会是墨子的兼爱,二者皆是执一端,皆不可取。执一端实则极端,只抓住了事物的一点而废弃了其余所有部分，有损于正道，是应在实践活动中予以避免的。中是恰好，因而既不是两端中的任何一段，也不是机械的物理中点，更不是把两端打折扣来个折中调和，而是两端之间一个最佳的点，一个适宜的度，就像《论语·雍也》所说："质胜文则野，文胜质则史。文质彬彬，然后君子。"文质兼备，各得其宜，彬彬而合乎中的分寸，即"度"。因此要把"用中"和折中区别开来，"执两用中"不是和稀泥，"（折中主义）能使人感到一种似是而非的满足，似乎考虑了过程的一切方面，发展的一切趋势，一切相互矛盾的影响等等，但实际上并没有对社会发展过程做出任何完整的革命的解释。"❶更不能把"用中"理解为道貌岸然、媚世取容的乡愿主义。"乡愿，德之贼也。"（《论语·阳货》）乡愿是善于伪装的假好人，本质是自私和无道德的。折中调和是乡愿式的中，其是掩饰而非无法真正解决问题，也就无法真正实现"用中"。

最后要谦虚谨慎。全面理解和熟练运用"执两用中"这样一种普遍的方法论，既离不开自我在实践中的不断历练与总结，也离不开对他人经验智慧的吸纳转化，因而必然不能自我封闭、自以为是，而是要以开放的心态虚心向他人请教。"三人行必有我师焉"，无论耄耋还是妇孺，凡是有可学之处都应该认真学习，取他人之长补自己之短，特别是他人的见解意见与自己不一致甚至冲突时不固执己见，而是主动检讨自己，有则改之，无则加勉。同时对他人的经验智慧不能用简单的拿来主义，而是重在结合实际的内化和运用。生搬硬套不是"执两用中"的应有之举，也无法从根本上认识和解决问题。"诚于中，形于外，故君子必慎其独也。"（《大学》）"执两用中"是为了求得问题的合理解决，最终达到和，实现仁。狂颠无疑是与其要求相悖的，纵情放任无法执两，更不可能用中。强化实践自律，慎独、慎言、慎行、慎微，慎从众，保持独立思

---

❶《列宁全集》第3卷，人民出版社1986年版，第188页。

第二章 "执两用中"方法论与中国传统职业观

考,知是知非,积极发掘事物内在的真善美是提高修养的可靠路径,更是运用好"执两用中"方法论的有力保障。谦虚和谨慎好似铜板的两面,前者向外,后者对内,一个谨慎之人更容易保持平和的心态,从而更能够虚心向他人学习,而一个谦虚之人也更倾向于发现自己的不足,清楚哪些方面不可为及为何不可为,因而更加谨慎自律。在"执两用中"的具体实践中,需要坚持以"良知"指引行为的方向,通过实践掌握由"良知"所呈现的一个面向,即认知心引发的实然之知,做到知行合一,知是行之始,行是知之成。

(2) 做到具体问题具体分析,用中须权中。"执两用中"没有固定的程式,需要根据实际情境灵活运用。孟子在赞颂商汤的美德时特别指出"汤执中,立贤无方"。(《孟子·离娄下》)"方"本为品类,可引申为出身。商汤执守中正之道,做事公平公正,不偏不倚,无过与不及,尤其在举拔贤才方面更是不论出身如何,而是基于国家和社会治理的需要任用最合适的人才,让人才和职位相互匹配,无疑是突破成规的束缚,针对具体实践展开认识和行动的典范。焦循《雕菰集·一以贯之解》曰:"夫通于一而万事毕,是执一之谓也,非一以贯之也。贯则不执矣,执则不贯矣。"如果罔顾实践活动中的千变万化而一味抱守所谓的放之四海而皆准的僵化道理,结果要么是纸上谈兵,无法解决实际问题却害人不浅,要么因蒙受挫折而把自己封闭起来,丧失斗志,得过且过。事实上任何道理都是有适用条件的,无条件的真理是不存在的,即使如众所周知的三角形内角和为180°也必须是在同一平面内,在曲面内则可以大于或小于180°。因此真正践履"执两用中"方法论,必然不能墨守成规,而是要随着事物的发展变化而变动,适用此事物的不能生搬硬套到彼事物,适用特定阶段和环境的不能简单套用到所有阶段和环境。要坚持"变则通",具体问题具体分析,针对性解决,这也是"执两用中"辩证思维和与时俱进思维的实践体现。

"子莫执中，执中为近之；执中无权，犹执一也。"简单寻得物理中点或折中而不权实则是执一端，并非真正的中。知中方能权，由权而得中，"君子而时中"，时中便是权，便是要把握好具体时空域内的中。一是因时而中。时间的流动是永恒的，处在其间的事物无不发生这样或那样的变化。毛泽东指出："一定事物在时间和空间中运动，当其发展到一定状态时，应从量的关系上找出与确定其一定的质，这就是'中'或'中庸'或'时中'。说这个事物已经不是这种状态而进到别种状态了，这就是另一种质……说这个事物还停止在原来状态并无发展，这就是老事物……"❶ 因此实践中时中最关键的就在于明晰事物的质量关系，当处于量的积累时不急不躁，当由这种状态进入别种状态即另一种质时与时俱进，不拘泥，不抗拒。当然因时而中不应作绝对化理解，一些最基本的原则和观念还是需要坚守的，例如儒家对"三年治丧"的坚持，因为其是符合中庸之道的，"此丧之所以三年，贤者不得过，不肖者不得不及，此丧中庸也，王者之常行也。"（《礼记·丧服四制》）对当代中国人而言，无论时代如何变迁，环境如何变化，家国情怀都是必须坚守的，永不褪色。二是因地而中。实践中能否真正做到恰好，往往与发生的场景密切相关，场景不同，恰好有异。其一场景不同身份有别，如居家可以轻松，工作场合需要庄重，在学校努力学习，出社会强调业绩等，要因应身份变化相应调整言行举止。孔子是这方面的典范，"于乡党，恂恂如也，似不能言者。其在宗庙、朝廷，便便言，唯谨尔。"（《论语·乡党》）其二场景不同风俗有别，不同地域存在因其特殊地理环境、文化传统、历史进程而沿袭的与当地相适应的生活模式和价值形态，彼此不尽相同，因此在面对他人的世界时需要秉持开放尊重的态度，主动适应，即所谓入乡随俗，而不是以自我为中心强人所难。其三场景不同事情本质可能有变。《孟

---

❶《毛泽东书信选集》，中央文献出版社2003年版，第131-132页。

子·离娄上》曰："嫂溺不援，是豺狼也。男女授受不亲，礼也；嫂溺援之以手者，权也。"小叔与嫂子在正常情况下应保持男女距离，这是经和礼的要求，但在"嫂溺"时却应当"援之以手"把嫂子救起，因为这符合了道，体现了仁。朱子讲："经者，道之常也；权者，道之变也。道是个统体，贯乎经与权。"(《四书章句集注·论语集注》）因此在实践中要学会便宜行事。三是因人而中。每个人品性不同，能力有别，实践中同样的言行举止，对张三是合适的，但对李四可能就是一种冒犯，因此要针对不同对象采取差异化的态度和行为。如果不加区分地同等对待，很可能造成"可与言而不与之言，失人；不可与言而与之言，失言"(《论语·卫灵公》）的尴尬后果，而明智的人既不应该失人也不应该失言。同时针对同一对象也要清楚其多面性，"不以言举人，不以人废言"(《论语·卫灵公》），防止以单一维度、单一结论对待人，失去认识人的客观性和全面性。

（3）坚守忠恕之道，多从共同体角度想问题办事件。朱子以为："忠是就心说，是尽己之心无不真实者。恕是就待人接物处说，只是推己心之所真实者以及人物而已。"(《四书章句集注·论语集注》）忠恕即体即用，尽己之心必须在推己之心以及人物过程中显现，恕是忠成立的形式条件；但若没有尽己之心，何来推己之心以及人物，忠是恕成立的生发条件。尽己之心是尽良知，良知人人生而有之。

在实践中坚守忠恕之道，首先是要修己。修身、齐家、治国、平天下一直是中国人至高的行为准则和理想抱负。《大学》云："古之欲明明德于天下者，先治其国；欲治其国者，先齐其家；欲齐其家者，先修其身；欲修其身者，先正其心；欲正其心者，先诚其意；欲诚其意者，先致其知，致知在格物。"因此修己就要格物致知、诚意正心，其中又以格物致知为出发点。朱子曰："格，至也；物犹事也。穷至事物之理，欲其极处无不到也。"(《四书章句集注·大学章句》）简言之，格物就是物穷其理。也就是说天地万物都有自己的理在，把这个理弄明白了，也就格物致知了，"惟于理有未穷，故其知有不尽也"（《大学章句·补格物传》）。王阳明认为"致吾心良知之天理于事事物物，则事事物物皆得其理矣。致吾心之良知者，致知也。事事物物皆得其理者，格物也。"（《传习录·答顾东桥书》）由是格物致知是把良知之于事物，是知善知恶、为善除恶。格物致知清楚了，自然就会诚意正心了，一个从良知出发的人无论如何是不可能自欺欺人、心术不正的。因此在实践活动中要让行为发自致良知和内在需要而非外在的情境对象，虚怀若谷、正心为本、修身为基，体悟天地万物一体之仁本，担负助他人以尽己情之大任，奠定与天地万物实为命运共同体之基石。如此就不会苛责他人，而是主动自省，"修己以敬"。（《论语·宪问》）

其次是安人。忠恕是创生性的，"天地之大德曰生"（《中庸》），忠恕把天地之创生性落实到了实践活动之中，一旦忠恕成，相应的伦理关系就可如其本性生发终成。换言之，忠恕建构了人与人之间的共同体价值纽带，赋予了此物之所以为此物的"意义"。比如母亲，如果没有发自内心的母爱并将之推及子女，她就不成为一位真正的母亲。修身是为了齐家、治国、平天下，说明修己的目的是安人，"修己以安人"。（《论语·宪问》）这就要求在实践活动中充分考虑他人的想法和诉求，把使他人安乐作为出发点和立足点来提高自己的修养，用自己更高的修养来让他人更加安乐，所以安人先要安己，己不安则无法安人。己安意味着把致良知真正落到实处，以诚待人，先人后己，无论祸福。在此基础上更要理解和尊重别人，人与人的差异性是客观存在的，要认可这种差异性并把它视为理解人与人之间关系的基础，多站在他人角度认识和解决问题，而不是简单地以己度人，否则他人就会产生强烈的被迫感，破坏了平等对话和合作的可能性，也许自己一时爽了，但他人肯定不安不乐了。此外还要与人推心置腹，建立和发展同理心，并以共同愿景联结彼此的心灵，做到己立立人、己达达人。

最后是秉持共同体思维，从共同体角度想问题、办事情。忠恕之道强调尽己之心和推己之心以及人物，人与天地万物彼此联结构成了命运共同体，这不仅是"天人合一"思想的重要体现，而且为想问题、办事情提供了新的视域。"修己以敬""修己以安人""修己以安百姓"，比修己和安人更高的是安百姓，让百姓得以安居乐业，实际上是"泛爱众"的表现，并达到了仁。众人由于发自忠恕的爱而凝聚为命运之一体，彼此你中有我，我中有你，突破了人与人之间的原子式存在而把成长发展和梦想愿景紧紧联系在一起。在实践行动中，要把共同体利益置于个人和家庭等小群体利益之上，在共同体利益的框架下谋求个人和小群体的利益，必要时做到为大家舍小家。然而并不是共同体的每一位成员都能够自觉做到这点，这时就要践行"絜矩之道"。《大学》曰："是以君子有絜矩之道也。所恶于上，毋以使下；所恶于下，毋以事上；所恶于前，毋以先后；所恶于后，毋以从前；所恶于右，毋以交于左；所恶于左，毋以交于右。此之谓絜矩之道。"絜，度量；矩，画直角和正方形的尺子，引申为法度、规则。絜矩之道是以推己及人为标尺的处理人际关系的准则，之于实践活动，当他人的想法和言行不当时不是一味地责备和抱怨，而是主动改变和提升自己，达到内心的公平公正，从而以身作则，以德报怨，率先垂范，换位思考，把他人看作自己，以自己的言行影响和带动别人，如此就符合中庸，人与人的关系就可以和谐，实际上就是在践履忠恕之道，促进共同体的繁荣发展。

第三节 "执两用中"与传统职业观的有机融合

"执两用中"作为一种普遍适用的方法论，影响了中国人和中国历史进程的方方面面，职业当然也不例外。"执两用中"的目标是达到中和，实现天地万物为一体的仁之本，从一定意义上说必须依赖职业并通过职业活动逐步成为现实，哪怕是治国理政，广义而言也是职业范畴的一部分，因此"执两用中"可以说是职业活动的反思总结和智慧结晶。但凡人的活动，大抵都是职业或与职业相关的，有效践履"执两用中"方法论，可以及时预防和纠正过或不及的错误。

一、"执两用中"与对职业的全面认识

从国家角度讲，职业是实现国家富强和人民富裕的必要路径；从个人角度看，职业是赖以生存的基础，更是成长发展的舞台，追求美好生活和实现个人价值都离不开职业。对中国人而言，"执两用中"既影响了对职业体系和具体职业的认识和理解，又与职业选择和生涯规划紧密相关。首先全面认识职业体系离不开"执两用中"。《周礼·天官冢宰》讲："惟王建国，辨方正位，体国经野，设官分职，以为民极。"政权建立之初，设官分职就是三大基础工作之一，以作为百姓的栋梁，使百姓可以"各得其中，不失其所"(《周礼注疏》)。《周礼》所列的涵盖从国家治理到百姓生活的三百六十种职业职位，无一不是当时经济社会发展所需要的。这些职业职位的设置和相互之间的属从指挥，既有对前朝历史的总结，更有结合当时社会实际对职业体系过与不及两端的思考和权衡。如果职业分工过细，容易造成职能冲突，管理指挥不当，增加社会负担；分工粗略，会导致某些工作无业承担，徒增百姓麻烦，同样增加社会负担。因此，通过适宜的职业体系和职能分工，《周礼》建构起一套满足社会正义的礼仪规范，且其中任何损益变动都基于适宜性考量，在本质上反映了仁爱精神，从而达到致中和，本身就是中庸思想的体现和"执两用中"方法论的运用。士农

第二章 "执两用中"方法论与中国传统职业观

工商的职业体系是最为人熟知的,《管子·小匡》曰:"士农工商四民者,国之石民也,不可使杂处,杂处则其言哤,其事乱。是故圣王之处士必于闲燕,处农必就田野,处工必就官府,处商必就市井。"除充分表明就国家富强而言士农工商都是国之柱石并无高低外,还从体国经野角度对职业管理提出了方案:聚居而不杂处。春秋时期战争连连,户民流失严重,杂处不利于户民管理,还会造成说话做事不专一,因此需要安排士聚居于闲静之地,农靠近田野、工靠近官府、商靠近市场,从而士可以"父与父言义,子与子言孝,其事君者言敬,长者言爱,幼者言第",农可以"尽其四支之力,以疾从事于田野",工可以"相语以事,相示以功,相陈以巧,相高以知事",商可以"相语以利,相示以时,相陈以知贾",如此就会安心于职业并力求极致,结果民不流失,国家富强,人民富足。管仲的方案无疑是运用了"执两用中"方法论,充分分析了职业管理聚和杂两端的优劣,从而提出了聚居的安排。这种分区安排的思想一直影响到现在,在城市规划中尤为明显。当然聚居也阻隔了阶层流动,限制了人的全面发展,不过用今天的观点苛求两千多年前的管子肯定是不妥的。

其次对具体职业的认知和从事需要"执两用中"。《周礼·考工记》在论及工时曰:"国有六职,百工与居一焉。……审曲、面埶,以饬五材,以辨民器,谓之百工。……知者创物,巧者述之,守之世,谓之工。百工之事,皆圣人之作也。烁金以为刃,凝土以为器,作车以行陆,作舟以行水:此皆圣人之所作也。"智慧的人创造器物,心灵手巧的人把制作过程记录下来并世代相承,这就是工。他们都是些有着大智慧的人,制作的器物如此精美。中国人的思想文化是充满现世精神的,感慨"百工之事"为"圣人之作",隐含着对工之于现世作用的全面认知。按照中国人的理解,能为圣人是非常难的,"人到纯乎天理方是圣",如果对工的认知不全面,"圣人之作"的断定是决然不会作出的。这一过程中必然要对工的各个方面进行仔细考量和认真权衡以作出论断，实则就是"执两用中"的过程，对各方面的考量评估是"执两"，认真权衡以作出论断是"用中"。不但对职业的认识需要"执两用中"，而且职业活动也离不开"执两用中"。孔子说："富而可求也，虽执鞭之士吾亦为之，如不可求，从吾所好。"（《论语·述而》）既指出了财富与职业的关系，财富必须经由职业而取得；也表明了职业可不可为的标准，即是否符合中道。任何职业都有利和弊两面，需要对两面进行执，权衡利弊相消后能否满足中道的要求，满足则可从事，执鞭之士尚需如此，一切职业概莫例外。《孟子·万章下》载，"仕非为贫也，而有时乎为贫。"孟子认为从事什么职业不能离开当时的情境，出仕不是因为贫穷，但如果真的贫穷就不要挑剔职业，解决温饱比什么都重要，实际上是时中的表现。万一遇上家贫亲老，再不找份职业以侍奉双亲，就有违孝道了，"是以家贫亲老，不为禄仕，所以为不孝"。（《琵琶记·蔡公逼试》）

再次"执两用中"还体现在个人职业选择和生涯规划上。任何人都不能没有职业，职业伴随整个青壮年，从古至今职业选择都是人生大事。究竟该如何选择职业，《论语·先进》之"侍坐"章给出了参考。

子路、曾晳、冉有、公西华侍坐。子曰："以吾一日长乎尔，毋吾以也。居则曰：'不吾知也！'如或知尔，则何以哉？"子路率尔而对曰："千乘之国，摄乎大国之间，加之以师旅，因之以饥馑，由也为之，比及三年，可使有勇，且知方也。"夫子哂之。"求，尔何如？"对曰："方六七十，如五六十，求也为之，比及三年，可使足民。如其礼乐，以俟君子。""赤，尔何如？"对曰："非曰能之，愿学焉。宗庙之事，如会同，端章甫，愿为小相焉。""点，尔何如？"鼓瑟希，铿尔，舍瑟而作，对曰："异乎三子者之撰。"子曰："何伤乎？亦各言其志也。"曰："莫春者，春服既成，冠者五六人，童子六七人，浴乎沂，风乎舞雩，咏而归。"夫子喟然叹曰："吾与点也！"三子者出，曾晳后。曾晳曰：

第二章 "执两用中"方法论与中国传统职业观

"夫三子者之言何如？"子曰："亦各言其志也已矣！"曰："夫子何哂由也？"曰："为国以礼。其言不让，是故哂之。""唯求则非邦也与？""安见方六七十如五六十而非邦也者？""唯赤非邦也与？""宗庙会同，非诸侯而何？赤也为之小，孰能为之大？"

孔子与弟子闲聊志向，子路回答治理中等国家，抵御侵犯、消除饥荒，使百姓有勇、知礼义；冉有是治理小国使百姓富足，礼乐教化则要依靠君子；公西华谦虚，志向是做司仪的小相并在实践中学习；曾皙与三人不同，志在从事教育。由表及里，闲聊揭示了儒家思想有关职业选择的基本原则，其一是与经济社会发展需要相吻合。孔子所在的春秋时期礼崩乐坏，社会最急需的是教育工作者和公共事务管理者，前者可以让更多的人知晓礼义，后者可以把礼义落实到位，二者勠力同心，就可以恢复礼义，实现国富民强、安定团结。子路志在管理军事，西公华志在经济和内政，冉有志在主持礼仪，曾皙志在教育，这些职业都是吻合当时社会需要的，也是最有可能取得成绩的。从古至今，与经济社会发展需要相吻合一直是职业选择的首要原则，经济社会发展需要各种人才，是职业选择的最大环境，决定着职业选择的方向。一个人的职业前途与经济社会发展需要息息相关，只有职业选择吻合经济社会发展需要，才有可能抓住历史的风口，个人才干得以施展并成为弄潮儿，从而实现个人价值，社会在千千万万遵循同一原则的人的奋斗下取得发展进步。其二是与个人能力和兴趣相一致。如果说与经济社会发展需要相吻合决定了职业选择的大方向，那么从个人能力和兴趣出发则影响了对具体职业的选择。子路等四人的职业选择，就与他们的能力和兴趣关系密切。《论语·公冶长》记载了孔子对他们的评价："由也，千乘之国，可使治其赋也"，"求也，千室之邑、百乘之家，可使为之宰也"，"赤也，束带立于朝，可使与宾客言也"。《论语》甚少提及曾点，但其子曾参广为人知。曾子年少常随父学诗书，年长连拒齐相、楚令尹、晋上卿之命，一生致力教育，为人孝悌、诚信，著有《大学》《孝经》等作品。从曾子的立身行事上不难窥见其父的能力兴趣和清雅高华。事实上，孔子本人堪称这方面的典范，《论语·子罕》载，子谓门弟子曰："吾何执？执御乎？执射乎？吾执御矣。"孔子认为自己的专长是驾车，固然有谦虚之意，但驾车应该是他十分擅长的技艺，因他"长九尺有六寸，人皆谓之'长人'而异之"（《史记·孔子世家》），个子高无疑有利于驾车，孔子是在告诉人们应当选择自己最擅长的职业来从事。分析上述两项原则，不难发现其显著体现了"执两用中"方法论。社会、个人和职业组成了三角，选择从事某种职业取决于在对社会和个人两方面全面分析基础上寻得恰好的平衡。社会发展需要各种职业，个人面对多种职业选择，每种职业有各自的适应人群，既能符合经济社会发展需要又可以发挥个人能力和兴趣的职业无疑是最适合的职业，如果二者之间不匹配，则应优先满足经济社会发展需要，孔子批评樊迟"小人哉"的部分原因就在于此。倘若没有了"执两用中"，要么可能长时间无业，陷入职业选择迷茫，要么像跳蚤一样以致才干无法发挥，坠入职业发展焦虑。职业选择基本原则之三是重视自我教育和职业发展。对于四名弟子的回答，孔子独赞叹了曾晳："吾与点也。"个中原因包括曾晳志向描述的境界是春和景明、国家自主、社会安定、人们安居乐业的太平盛世，是孔子"亲亲""仁民"和"万物各得其所"理想的体现，是中和与大同；曾晳志在教育职业，与孔子的志向一致；曾晳的回答涵盖了自我教育的思想，"浴""舞""咏"无一不体现着礼乐的要求，先沐浴而后跳舞唱歌，"浴"既符合《礼记·儒行》"澡身而浴德"之说，又暗通商汤"苟日新，日日新，又日新"之典，自我教育与完善的寓意明显。子路被哂，原因在其"率尔"，鲁莽有过而谦逊不足。孔子曾告诫子路"必也临事而惧，好谋而成者也"（《论语·述而》），希望他加强自我教育，改善个性，但子路最终还是辜负了老师，落得悲惨下场。西公华在实践中学习，终使于齐，在外交

第二章 "执两用中"方法论与中国传统职业观

领域取得一定成就。所以能否获得学习机会并进行自我教育是选择职业的重要因素，经由学习和自我教育，不只是获得职业知识和技能的提升，更是使思想和品行不断完善，而这反过来又为职业的进一步发展奠定了基础。符合经济社会发展需要的职业总是充满机会的，但机会都是留给有准备的人的，正是这些稍纵即逝的机会决定了职业发展的高度。因此需要秉持"执两用中"方法论对学习、自我教育与职业发展之间的关系予以综合考量并求得恰好之平衡。由是选择职业的基本原则组成有机整体，"执两用中"贯穿其中，左右了个人具体职业的选择和从事该职业可能取得的发展和成绩。

"执两用中"不仅影响了职业选择，而且在职业生涯规划中留下了足迹。中国传统文化中的职业生涯思想以儒家最具有代表性，突出体现在《论语·为政》中孔子的自述："吾十有五而志于学，三十而立，四十而不惑，五十而知天命，六十而耳顺，七十而从心所欲，不逾矩。"孔子的本意是讲述自己一生的学习和修养，通过学习，孔子实现了从自律到自觉的转化，最终达到道德修养的至高境界，但也阐释了从准备阶段到终了阶段的整个职业生涯中每个阶段的任务和需要达成的目标。"十有五而志于学"说明已经度过了无忧无虑的少儿阶段，需要为职业生涯做准备、打基础了。学不但包括学习文化知识，更包括对道德修养和为人处世的探索。这一阶段虽不从事具体职业，却是价值观、个性特征、能力兴趣和职业观念形成以及职业锚确定的关键时期，立志也在此阶段，对整个职业生涯影响至深。朱子说"士之所以能立天下之事者，以其有志而已。然非才则无以济其志。非术则无以辅其才。"立志是职业生涯取得成绩的基础和关键，但志向需要才能和知识的辅助，三者融合职业生涯才可能成功。学后是立，"三十而立"的重点是立事业，即完成职业选择，不再游移不定、反复跳横。"四十而不惑"表明经过多年的职业活动，职业生涯来到成熟阶段，是职业的巅峰状态，心智成熟、人格定型，可以理智而恰好地处理各种工作问题。"五十而知天命"揭示随着职业衰退期的来临,一方面不再纠结于职业中解不开的疙瘩,另一方面彻底明白了天地万物运行尤其生老病死的规律并主动顺应规律,为退出职场建构心理准备。"六十而耳顺"是职业生涯的终了阶段,职业发展基本停滞,经历了人生的波折和起落,任何不如意到此阶段都能泰然处之,七十则彻底退出职业活动,凡事可以随心所欲但不肆意妄为,不逾越社会规范和道德的要求,表现出高超的道德修养水平。孔子没有就职业谈职业生涯规划,而是从人生的高度看待和理解这一问题,每个阶段的任务和目标都是基于对自身和环境全面分析总结提出的,有很大的实现可能性,这实际上就是运用"执两用中"的过程,最后的耳顺和随心所欲不逾矩就本质而言是达到了与天地万物的中而和,体现了仁之本。在职业生涯的所有阶段中,儒家尤其强调志于学阶段的立志,"志大,则才大,事业大"(《正蒙·至当》),同样是秉持"执两用中"得出的结论,虽然职业生涯的显性阶段是从立到知天命,但如果没有立志,立与经济社会发展需要和个人能力兴趣相匹配的大志、久志,立、不惑和知天命就没有了内在动力,达到的可能性就微乎其微了;反之在该立志的阶段立了恰好的志,不仅有利于激发学习的动力,增强才干,而且可以更适宜地选择职业和提升职业生涯中克服困难的韧劲,从而取得成绩并实现志向目标。

二、"执两用中"与大国工匠精神

党的十八大以来,习近平总书记多次强调工匠精神,要求发扬工匠精神,增强产品竞争力,营造精益求精的敬业风气,社会各界要高度重视"工匠型人才",积极学习、弘扬、培育工匠精神的精神内涵,要守"匠心"、习"匠术"、明"匠德",在追求自身价值中实现中华民族伟大复兴的中国梦,助力全面建设社会主义现代化国家的新征程。

第二章 "执两用中"方法论与中国传统职业观

工匠精神自古有之并为中国人千百年来长久坚持。《诗经·卫风·淇奥》有"如切如磋,如琢如磨",生动形象地描绘了古代工匠在对骨器、象牙、玉石等进行加工时表现出来的一丝不苟的精神,朱子于《四书章句集注·论语集注》将工匠精神解释为"治之已精,而益求其精也"。精益求精绵延千载,不仅是工匠的价值追求,更是大国工匠精神的具体体现。力求极致,哪怕是最平常不起眼的材料,也要巧妙构思、精雕细琢,以匠心独具创造出最完美的作品,这种永不满足的钻研与实践,既突出反映了"执两用中"的极致思维,也成就了大批能工巧匠,如技艺精湛的鲁班、游刃有余的庖丁,留下了许多传世经典,从良渚文化的玉器到红山文化的彩陶,从唐三彩到宋瓷,从明青花到掐丝珐琅,从赵州桥到圆明园,赋予了传统文化活的灵魂。正是借助工匠们留下的或精美绝伦或价值连城的作品,今天的人们才得以重现历史,反之,如果没有了工匠创造的作品,或作品立意不清、特色不明,可以传承的精神文化就失去了许多,历史真相也会陷入混沌而无法清朗。

古人很早就用"正"来称呼工匠,如车正、陶正、木正等,《左传·定公元年》就有"薛之皇祖奚仲居薛,以为夏车正"的记载,显示了大国工匠精神的本源属性。《说文解字》训"正"为"是也",因而"正"有准则、规范之意,之于行为则指向坚守正义、守正为公、守正为民。如车正奚仲为减轻人民疾苦而发明运输工具,解决了治水物料的搬运难问题;科圣墨子坚持兼爱原则,尝对鲁班言"子之为鹊也,不如匠之为车辖,须臾刘三寸之木,而任五十石之重"(《墨子·鲁问》),为百姓之心溢于言表。以民为本,心系天下苍生,铸就了大国工匠持中守正的精神品格,充分体现了"执两用中"的德性思维,并成为匠德的有机组成部分。《墨子·尚贤》曰"贤良之士,厚乎德行,辩乎言谈,博乎道术",一名优秀的人才即墨子所言的"兼士"需要满足三大标准:淳厚的品德、一流的执行力和广博的知识,以实现"有力者疾以助人,有财者勉以分人，有道者劝以教人"。作为一种对职业的道德评价标准，这同样适用于工匠。《尚书·大禹谟》云："德惟善政，政在养民。水、火、金、木、土、谷，惟修。正德、利用、厚生惟和。"生产生活的相互融合，凸显了道德特征的精神走向，正德、利用、厚生逐步成为古代工匠的道德规范和"匠德"组成，其中正德居于首位，要求工匠首先必须为人正直、品德端正，厚德以载物，而后物尽所用以利他人，不铺张、不浪费，最后实现百姓富足、安居乐业。孔颖达说："自正乃能正下，故以正德为先，利用，然后厚生，故后言厚生。厚生谓财用足、礼让行也。"（《尚书正义·卷四·大禹谟》）正德是利用和厚生的前提，德不正就无法利用，更实现不了厚生。正德、利用、厚生三者有机结合，就可以达到天下"惟和"的状态，这也是"执两用中"所追求的目标，并且崇德尚贤亦成为大国工匠精神的核心和优秀传统文化的标识。

有匠心匠德之人往往不会令社会失望，但对大国工匠而言仅有匠心匠德是不够的，还必须有技能即匠术的辅助。如果没有了匠术相佐，匠心匠德所包含的美好就失去了实现的必要条件，反之有了匠术相佐，美好实现就指日可待，不会落下空想的话柄。《论语·卫灵公》曰："工欲善其事，必先利其器。"要想把工作做好、做完美，第一要务是把工具收拾得锐利精良，只有拥有了娴熟的技能或身怀绝技，才能在职业中取得立足之地，进而为实现美好职业梦想提供可能性。工匠的产出是艺术的，不断提高工艺技巧是工匠的毕生追求，首先就是要遵从职业规律。《周礼·考工记》讲"天有时，地有气，材有美，工有巧，合此四者，然后可以为良"，每种职业有每种职业的内生规律，天时地利人和方能百战不殆，缺一不可。这在相当程度上就是针对具体问题给出具体答案，就是与时俱进，特别是农耕时代，如果违背了天时地气，哪怕材再美、工再巧也很难取得理想效果，造出精美实用的器物，把在此职业、此时间、此环境的办法挪用到他职业、他时间、他环境亦是如此。其次离不开千锤百炼。高超的

第二章 "执两用中"方法论与中国传统职业观

匠术不仅需要对职业规律的遵从，而且需要在遵从基础上的反复练习并不断总结经验教训。娴熟的工艺技巧并非与生俱来的，而是在后天的职业活动中练就出来的，是站在前辈肩膀上的结果，既需要体力劳动的付出，更渗透着智慧的结晶。如庖丁游刃有余就在于对牛生理结构的了然于心，炉火纯青靠的是对冶炼火候的至微掌握，无一不是经过千锤百炼才获得的，其中的每一次练习都不是机械的，都要及时分析成功和失败的原因并总结出恰好的点，而这种恰好的点的不断累积，才最终形成高超的匠术并铸就了大国工匠的科学精神。再次是平和的心境。对大国工匠而言，任何匠术都是心传体知的，其传承不是简单的技巧学习，更是无形的艺术熏陶和心理契合，即使在现代教育体制下，工匠的培养也不仅仅是理论的灌输，心传身授的深度参与更为关键。这一过程是授业者和受业者心灵的交流与默契，以及在交流和默契中体现出的心若止水、静如幽兰的大国工匠精神和对"一日为师终身为父"的尊重，不仅促进了职业技术和经验的无间断积累，而且有利于形成不拘一格、独领风骚的艺术风格，锻造了大国工匠的人文精神，体现了大国工匠"德艺兼修"的追求，这是任何现代企业的组织管理和业务流程都无法承载和实现的。正德、利用、厚生，崇尚人文、尊重科学、立足实际、精益求精、执两用中的大国工匠精神是历史形成的，需要一代代承继下去。《尚书·大禹谟》曰"人心惟危，道心惟微，惟精惟一，允执厥中"，大国工匠精神的目标是中和，这是中庸思想的体现，最终实现"仁"，达到大同。

三、"执两用中"与职场规范

人生的多数时间是在职业活动中度过的，职场中的为人处世与待人接物充满边界，什么事情合宜、什么事情不合宜必须把握清楚，孔子在《论语·述而》

所言的"志于道，据于德，依于仁，游于艺"为此设立了总的原则。于职业中谋求财富无可厚非，但应当符合道义，不义之财不取。职业活动的根本是实现志向目标和人生价值，因而在职场中一定要志存高远，不在于财富多少或职位多高，而是满足"人伦日用之间所当行者"（《四书章句集注·论语集注》）的要求，不为一时小利蒙蔽双眼。职场的日常行为要服从法律和道德规范的约束而不逾越，行为动机建立在组织利益之上而非为了私利，摒弃私欲以成就仁爱，对业务要日益精进，并以此为纽带加强与同事的沟通协调，在实现组织目标的基础上实现个人志向和价值。李炳南《论语讲要》曰："道是体，德是相，皆是内在。仁艺是用，皆是外在。仁是用之总，喻如总根，半内半外。艺是用之别，喻如枝干，纯属于外。……如此由体达用，用不离体，中国文化之精神即在是焉。"优秀传统文化之职场规范的总原则体用结合，一如忠恕，推己及人，一贯持守必得善果，不善则必改之，实际上就是固执中庸，行"执两用中"之法。

　　职场中具体应该如何行事，《论语》等经典没有给出答案，但秦末黄石公《素书》中有关"义"的见解提供了启示。《素书·原始》云："义者，人之所宜，赏善罚恶，以立功立事。"义是合宜，标准是符合社会公认的准则，亦即中，于职场中就是该做的事去做，不该做的事不做，褒奖好的行为，惩罚恶的行为，如此才可能成就事业，也就是实现志向目标和人生价值。细化到言行举止，《素书·遵义》给出了一系列告诫，无一不闪烁着"执两用中"的光芒。其一是"以言取怨者祸"。祸从口出，职场中讲出去的话如果引起他人的怨恨就是埋下祸根，故而要慎言，说话之前一定要深思熟虑，把好的和不好的方面考虑清楚，再决定说与不说、怎么说，说了就言必行、行必果，讲求信用。这需要职场人练就较高的观照功夫，对象不同、情境不同，表达方式应有所区别，坚决不说只利己或触犯人的话，否则很可能以言取祸。其二是"好众辱人者殃"。职场中的表扬和批评不可避免，表扬可当众，但当众批评，尤其以当

第二章 "执两用中"方法论与中国传统职业观

众指责他人来显示自己的高明是职场大忌。当众指责也许会获得优越感，实际上却失去了他人的信任和尊重。如果是团队管理者更不应如此，甚至在下属面前显示高明都不可以，因为"以明示下者暗"，很容易遭到愚弄。其三是"后令缪前者毁"。职场强调言行的前后一致性，"时中"是有前提的，就是必须符合义，朝令夕改、两面三刀不是"时中"，为君子所不齿。言行前后矛盾会让他人无所适从，怀疑言行者的真实意图，从而使工作陷于停滞；两面三刀会让他人认定是龌龊小人而远离，也会让事业毁于一旦。其四是"慢其所敬者凶"。职场中对于上级、前辈以及从其之处获得帮助的人要保持充分的尊重，这样可以为自己构建起良好的人际关系和工作氛围，不但更容易取得工作成绩，而且可以有效避免"貌合心离者孤"的窘迫境地。反之如果怠慢了应该尊重的人，会给他人造成不懂规矩的印象，无法取得甚至失去他人的信任，结果必然是不好的。其五是"亲谗远忠者亡"。只要有人的地方就有左中右，就有君子小人，因此需要持中道，亲君子而远小人。志同道合者对于想在职场中有所成就的人尤为重要，依靠一名忠诚可靠的伙伴可以托举起一份事业，而亲近一个巧言令色之徒足以毁掉这份事业。其六是"略己而责人者不治，自厚而薄人者废弃"。中国人历来强调严于律己、宽以待人，职场中的最大忌讳莫过于对自己放松要求，对他人却责备求全，到处夸耀自己的优点和长处，对他人的优势和成绩却或视而不见，或冷嘲热讽，这样的人给人的印象是没有自知之明，没有公平正义，更没有谦虚谨慎，结果往往是被唾弃。谦虚谨慎一直是传统职业观和职业伦理的重要组成，《中庸》云"莫见乎隐，莫显乎微，故君子慎其独也"，《论语·里仁》曰"君子欲讷于言而敏于行"，一个真正有修养、有能力的职场人会谨小慎微、少说多做、言行一致、实事求是。自己的长处不是不可以讲，但更应通过行动和成绩来讲，不要轻易点评他人，必要时应注意方式方法，无论自我表扬还是点评他人都要保持好"中"度。保持必要的礼让是职场成功不可或缺的因素,"君子无所争,必也射乎。揖让而升,下而饮,其争也君子。"(《论语·八佾》)一个恰好的"中"不仅表明了自己的贡献,而且显示了谦虚、诚恳、求知的不断完善自我的态度,同时也让他人体会到公平和尊重,有助于建立良好的人际关系,从而在职场如鱼得水。总而言之,需要让职场中的行为的出发点回到原本合宜的状态,即道义,既保持一定的求胜欲和求知欲,又抛弃不当的认识和过度的愿望,如此才会更有方向与章法,才更能实现志向。

在职场中遇到这样或那样的困难是正常的,关键是面对困难时的态度和行动。正如孔子在批评冉有学习时所说的"力不足者,中道而废,今女画"(《论语·雍也》),相当部分人在遇到困难时往往借口能力不足而不解决,孔子一语道破真相,不是能力不足,而是思想上画地为牢。画地为牢让人陷入固着的怪圈,无法对困难进行客观全面的分析,无法突破自我。既然不能执两,也就无法用中求得问题的解决。对职场人而言,"执两用中"是克服困难的根本之道,运用"执两用中"的前提则是自信,既有对自己能力的自信,也有对自己学习和突破自我的自信。俗话说"谋事在人,成事在天",不管结果如何,面对困难时总要先尽了自己的最大努力再说,而不是一躺了之,等待他人解决或问题自行化解。当然努力不是使蛮劲,也不是在原有的地方打圈圈,而是要有创新性思维,敢于突破条条框框的束缚,这本身就体现了"中"的思想。复杂困难的克服很可能不是一次性的,面临长期的过程,需要制订周全的计划,把难解决的大问题分解成一个个相对容易解决的小问题,然后运用"执两用中"的方法逐个解决,随着一步步地向前推进,最终解决大问题。困难的出现有着一定的偶然性,但偶然性于世界无所不在,所谓"天不易知,命不可测",职场人只有奋力人事,竭尽全力而为方可令自己无怨无悔。

第三章

新中国大学生就业与"执两用中"方法论

从 1949 年成立至今，新中国已经走过了七十多年的奋斗历程。七十多年来，古老的大地发生了翻天覆地的变化，经济社会发展取得了举世瞩目的成就，一个富强、民主、文明、和谐、美丽的社会主义国家正屹立在世界东方。以改革开放为界，新中国的历史可分为 1978 年前的社会主义制度建立和发展道路探索时期，以及 1978 年后的有中国特色社会主义建设和发展时期。适应社会主义建设和发展需要，新中国的大学生就业政策经历了从国家统包统分到供需见面双向选择，再到以市场为导向自主择业的转变。总体而言，党和国家高瞻远瞩、审时度势，坚持"执两用中"方法论，在取得社会主义经济社会建设巨大成就的同时，大学生就业政策也在满足经济社会发展需要和遵循大学生就业规律的基础上实现了与大学生就业趋势的良性互动，为社会主义经济社会建设提供了强有力的人才支持。

第一节　改革开放前的大学生就业

新中国初成立，经济凋敝，社会混乱，百废待兴，在肃清国民党残余势力的同时，国民经济的恢复和发展迫在眉睫。恢复和发展国民经济急需大量专业人才，但大学生在人口中的比例极低，据统计，1949 年各类大学生在校人数不足 12 万人，毕业人数仅 2.1 万人。为了充分发挥宝贵的大学生资源的作用，新

第三章 新中国大学生就业与"执两用中"方法论

中国实行了由国家统一管理大学生招生和就业的统包统分的制度。

党和国家对新中国的高等教育事业非常重视,1950年6月就在北京召开了第一次全国高等教育会议,"使我们今后的高等教育有了一个明确的方向。这个方向就是我们应该以理论与实际一致的教育方法,为培养具有高度文化水平的、掌握现代科学和技术成就的、全心全意为人民服务的、高级的国家建设人才而努力。"[1] 随着对旧公立大学接管的顺利完成,为实现党对高等教育事业的领导和解决高等教育无法满足国民经济恢复和发展以及大规模工业化建设需要的实际,党和国家一方面加强对高等院校的改造、调整和整顿,另一方面着手建立适应新中国建设事业要求的大学生招生就业制度。1950年6月22日,中央人民政府政务院(以下简称政务院)发出了《为有计划地合理地分配全国公私立高等学校今年暑期毕业生工作的通令》(以下简称《通令》),规定从毕业人数较多的华东、中南、西南三个大区抽调部分毕业生支援重点建设地区,即东北区;另从华北区抽调部分毕业生充实中央党政机关。《通令》要求"对毕业生一般应说服争取他们服从政府的分配,为人民服务。其表示愿自找职业者,可听由自行处理",开始了大学毕业生由国家统一分配的就业制度的探索。1951年10月1日政务院颁布《关于改革学制的决定》,明确"高等学校毕业生之工作由政府分配",得到国家机关和建设部门的支持和绝大多数毕业生的拥护。随着国民经济的恢复和发展、计划经济体制的确立以及为即将开始的第一个五年计划做人才准备,1952年7月19日政务院颁布《关于1952年暑假全国高等学校毕业生统筹分配工作的指示》,进一步明确"高等学校毕业生的工作由政府分配,这是完全符合我们国家实际情况的发展和需要的",并确定1952年暑假高等学校毕业生统一分配工作的基本方针是"集中使用,重点配备"。

---

[1] 马叙伦:《第一次全国高等教育会议闭幕词》,《人民教育》1950年第4期。

同年8月15日至17日，新中国第一次全国统一高考举行。大学统一招生和毕业生由政府分配工作，标志着新中国大学生招生和就业的统包统分制度的初步形成。此后每年政务院（国务院）都会对高等学校毕业生统筹分配工作作出指示，如1955年的指示就明确应统一分配的毕业生计五万零八百一十三人，执行既定的"集中使用、重点配备"的分配方针和"学用一致"的原则，配备的重点是重工业部门、出国留学研究生、中国科学院研究生和研究实习员及高等学校研究生和助教等，"学用一致"成为大学生统包统分制度长期坚持的重要原则。1956年的指示对统筹分配方针进行了补充完善，即"根据国家需要、集中使用、重点配备和一般照顾的方针，并且考虑到学用一致的原则"，"尽先照顾了科学研究、高等学校的师资、工业部门特别是国外设计项目的需要"。1958年4月4日中共中央发布《关于高等学校和中等技术学校下放问题的意见》，规定对地方院校毕业生实行"分成分配"的办法，即中央抽取一定比例统一分配，余下的由地方政府分配，这一抽成分配的办法一直延续到1962年，并在20世纪80年代重新执行至统包统分制度取消为止。

教育为工农服务、为生产建设服务是新中国教育事业的中心方针，高等教育首当其冲。1957年7月17日国务院颁布《关于1957年高等学校暑期毕业生分配工作的几项原则规定》指出："对分配到高校、科研机关和行政机关的毕业生，各单位都应该注意使他们尽可能先到工厂、企业或农业生产中去参加一定时期的体力劳动，并把这种办法逐渐地固定成为制度。对于学生所提出的个人志愿和实际困难，应在可能条件下给予适当的照顾。对于少数无理坚持个人要求，拒不服从分配的学生，由他们自找职业，但是国家机关、学校、企业和事业单位不得录用这些学生。"1958年《关于高等学校和中等技术学校下放问题的意见》也要求毕业生中有一部分可以分配到工厂农村去劳动。同年8月13日毛泽东视察天津大学，在参观考察校办工厂时说"以后要学校办工厂，工

第三章 新中国大学生就业与"执两用中"方法论

厂办学校",并指示高等学校应抓住三个东西:一是党委领导,二是群众路线,三是把教育和生产劳动结合起来。"三点指示"深刻揭示了新中国高等教育的办学内涵和发展规律,促进了高等教育事业的迅猛发展,到1965年全国大学生在校人数达到67.4万人,是1949年的近6倍,为社会主义建设事业作出了巨大贡献,其中"把教育和生产结合起来"更逐步演化为产学研融合的教育、科技、人才一体化的高等教育特色创新发展之路。1965年6月14日,刘少奇指示"分配一批大学毕业生到农村,是实现知识分子同工农群众相结合,培养革命接班人的有效途径之一,是加强基层建设的一项重要措施。除今明两年分配这批大学毕业生到农村外,以后每年都要计划分配一些大学生到农村去,并要把他们管理好,教育好"。[1]到基层去,充实到工农业生产第一线一直是大学生统包统分就业制度的特色,不仅影响了一批又一批青年学子的人生观和价值观,到祖国最需要的地方去成为他们人生的典型写照,而且有力推动了国民经济的发展和健全,为改革开放后的经济社会腾飞奠定了基础。

这一时期的大学生就业分配制度随着经济社会的发展和分配中出现的问题不断调整完善。为满足经济建设对理工人才的迫切需求,通过1952年大学院系调整,新中国在各地组建了一批工学院,同年1月3日教育部提出1953届和1954届理工科毕业生提前一年毕业,充实到工业建设最前线。1962年8月20日中共中央转批《关于一九六二年高等学校毕业生分配计划的报告》要求"迅速调整专业设置和专业之间的比例,并将近几年不大需要的专业的一部分或大部分学生,尽可能调整改学目前比较急需的专业"。[2]针对提前抽调未毕业大学生参加工作的问题,国务院《关于1956年暑期高等学校毕业生统筹分配

---

[1] 《中国教育事典(高等教育卷)》,河北教育出版社1994年版,第148页。
[2] 《中国教育年鉴(1949—1981)全日制高等教育》,中国大百科全书出版社1984年版,第349页。

工作的指示》要求"各有关单位必须严加控制",1959年中共中央转批《关于高等学校在校学生不得提前抽调分配工作问题的报告》明确"未经中央决定,任何单位不得在中央各部门和省、市、自治区直属的全日制高等学校抽调未毕业的在校学生"。为更好地做到全国一盘棋,同时兼顾中央和地方需要,《关于1956年暑期高等学校毕业生统筹分配工作的指示》指出"尽可能地做到就地分配、就地就业";1958年《关于高等学校和中等技术学校下放问题的意见》指出"由教育部和中央有关部门直接领导的学校,原则上由中央统一分配;归省、市、自治区领导的学校,原则上由省、市、自治区分配"。1962年4月周恩来向中央书记处提交的《关于改进高等学校毕业生分配办法的意见》中明确"现在高等学校毕业生的分配,分为中央统一分配、中央各部门直接分配和各省、市、自治区直接分配3类"。1963年8月30日,教育部、内务部、国家计委发布《高等学校毕业生调配、派遣暂行办法》,明确了毕业生调配、派遣的职责分工、遵循原则、特殊情况处理、派遣、接受和使用流程等,完善了高校毕业生统包统分的就业制度。

第二节 改革开放以来的大学生就业

1976年"文革"结束,1977年在邓小平同志的坚持和高瞻远瞩下,中断十多年的高考招生制度得以恢复,随着1978年12月党的十一届三中全会胜利召开,中国进入了以经济建设为中心的改革开放的新阶段,历史进程翻开了新的篇章。在经济社会高速发展和改革不断向纵深推进的背景下,大学生就业制度改革稳步前进,经历了1985年前的统包统分、1986年至1999年的供需见面双向选择和 2000 年后的市场导向自主择业三个阶段。

一、1985 年前统包统分制度的延续

由于"文革"十年对高等教育的冲击与破坏，1977 年高考仅招收包括高中专在内的 27.3 万人，1978 年仅 40.1 万人，改革开放初期的大学毕业生供需矛盾十分突出，远远无法满足党政军机关和企事业单位的需求，同时整个国家仍然是计划经济，因而党和国家延续了大学生统包统分的就业制度。1980 年 5 月国家计委和教育部联合召开全国高等学校毕业生分配工作会议，专门研究毕业生分配和改革事宜。1981 年 2 月 13 日国务院批转《关于改进 1981 年普通高等学校毕业生分配工作的报告》，确定分配方法为"在国家统一计划下，采取抽成调剂，分级安排的办法"，其中教育部直属院校由国家统一分配，中央业务部门主管的院校实行国家抽成分配，省、自治区、直辖市主管的院校原则上由地方自行分配，国家根据需要对某些专业的毕业生也可适当抽调；并且强调学用一致原则，毕业生在见习期间如有学用不一致的可以提出申请，由本单位或主管部门根据工作需要进行调整，拒不调整的人事部门有权调出另行分配。1983 年 7 月 14 日国务院批转《关于 1983 年全国毕业研究生和高等学校毕业生分配问题的报告》(以下简称《报告》)，提出加强重点建设和全国支援重点建设的要求，并结合国民经济和社会发展情况，对毕业生分配采取适当集中、加强重点、照顾一般、统筹兼顾的方针，对毕业生的具体工作安排要在服从国家需要的前提下贯彻学用一致的原则，并对去边远地区和农村工作的毕业生做了专门规定。《报告》要求深入细致地做好毕业生的思想政治工作，号召毕业生服从国家分配；对极少数经说服教育仍拒不服从分配的要执行纪律，按规定处理。《报告》还要求学校应更多地参与毕业生分配工作，用人单位可以考察试

用毕业生,在一定程度上调动了相关主体的积极性和主动权,这在过往是罕见的。1985年6月批转《关于1985年全国高等学校毕业生分配问题的报告》,明确国家编制分配计划的毕业生仅限于原属教育部的院校和从中央部门所属院校抽调的毕业生,绝大部分毕业生由主管部门和地方分配,不过仍强调要认真执行国家计划,毕业生必须服从国家分配。

总体而言,虽然大学毕业生就业制度几经变动,但是直到1985年仍然是计划经济体制下的统包统分制度。这一制度的最大特点是高度集中、大学生个人必须服从国家分配,其本质反映了国家全能主义,全面掌控的国家和缺失主体性的个人高度包容合一,实现了在就业方面的无缝连接。然而随着改革开放的逐步展开,该制度有了松动,如《关于1983年全国毕业研究生和高等学校毕业生分配问题的报告》就出现了"为了贯彻优才优用的原则,应允许极少数优秀生在计划范围内选择工作单位"的规定,对清华大学、上海交通大学、西安交通大学和山东海洋学院四所院校在调配工作中进行了"供需见面"的试点。《关于1985年全国高等学校毕业生分配问题的报告》明确"上海交通大学和清华大学两所高校的毕业生约三千人,试行由学校与用人单位直接联系分配的办法",并规定拒不服从分配的毕业生取消分配资格,由学校责成学生本人偿还在校期间享受的全部助学金、奖学金和少量培养费,以及毕业生在分配的工作单位连续服务满五年后允许合理流动,实际上打开了大学生自主择业和自由流动的口子,为后续的大学生就业制度改革摸索了经验和奠定了基础。

二、1986年至1999年的统包统分和双向选择并行

1984年12月党的十二届三中全会通过了《中共中央关于经济体制改革的决定》,明确社会主义计划经济是在公有制基础上的有计划的商品经济,商品

第三章 新中国大学生就业与"执两用中"方法论

经济的充分发展是社会经济发展的不可逾越的阶段。增强企业活力是改革的中心环节，实行政企职能分开、建立多种经济责任制、积极发展多种经济形式、启用一代新人是改革的具体举措。为顺应经济体制改革，1985年5月27日中共中央发布《关于教育体制改革的决定》，明确"改革高等学校的招生计划和毕业生分配制度，扩大高等学校办学自主权"，要求"改变高等学校全部按国家计划统一招生，毕业生全部由国家包下来分配的办法"，对国家计划招生"实行在国家计划指导下，由本人选报志愿、学校推荐、用人单位择优录取的制度"，对用人单位委托招生，"按合同规定到委托单位工作"，对计划外招收的少数自费生，"可以由学校推荐就业，也可以自谋职业"，在政策上确定了供需见面、双向选择的大学生就业制度改革方向。1986年上海交通大学和清华大学等少数高校试行"由毕业生选择工作志愿、学校推荐、用人单位考核录用的'双选'办法。对通过考核招聘，未被录用的毕业生，由学校分配就业；对成绩差、表现不好的毕业生，经学校推荐，找不到接收单位，国家不再负责分配工作，改变了由上级部门和学校包揽分配毕业生的办法"。❶试点总体取得了比较好的效果，但也暴露的一些问题，最突出的是少数毕业生被用人单位退回，比如1987年北京大学被退回58人，中国人民大学50人，复旦大学62人，其他如天津大学、南京大学、山东大学、武汉大学、四川大学等人数不等皆有。为此国家教委组织召开包括1988年全国高教工作会议在内的多次会议予以研究，并于1989年1月12日向国务院提交了《关于改革高等学校毕业生就业制度的报告》（附改革方案），3月2日国务院批转了该报告。《报告》指出"以统和包为特征的毕业生分配制度存在着一些明显的弊端，不利于调动学生学习、学校办学、用人单位合理使用人才的积极性"，必须进行改革，"目标是：

---

❶《中国高等教育体制改革世纪报告》人民教育出版社2001年版，第173页。

在国家就业方针、政策指导下，逐步实行毕业生自主择业，用人单位择优录用的'双向选择'制度"。其中国家任务招收的学生"按照规定在一定范围内选择职业，用人单位择优录取"，"未被录取的毕业生，介绍回家庭所在地自谋职业"；联合办学、委托培养的学生"到合同规定的地区、行业或单位择优录用"；自费生"自主择业，也可以请学校帮助推荐就业"。此外还明确对1988年以前入校的学生仍实行以国家计划分配为主的制度。至此大学生就业制度改革全面展开，不过改革步子并不快，国家教委《关于做好1992年全国普通高等学校毕业生和毕业研究生分配工作的通知》仍然强调毕业生有为国家服务的责任，必须服从国家分配，公费毕业生不能到社会上自找工作单位。

1992年初春，邓小平同志"南方谈话"，把建设有中国特色社会主义的理论和实践向前推进了承前启后的一大步，特别是有关市场和计划的论述，为建设社会主义市场经济提供了强大的理论支持。同年10月，党的十四大正式提出建设社会主义市场经济体制。社会主义市场经济使得大学生就业制度的基础发生了根本改变，要求就业必须市场化、自主化。1993年2月13日中共中央、国务院印发《中国教育改革和发展纲要》，再次明确大学生就业制度改革的目标是：改革高校毕业生统包统分和包当干部的就业制度，实行少数毕业生由国家安排就业，多数由学生自主择业的就业制度。1994年7月国务院公布《纲要实施意见》，规定高校逐步实现"并轨"招生，并"在人才市场、劳动力市场比较完善，全面实行缴费上学制度之后，除享受国家和单位专项或定向奖学金的学生按合同就业外，其余学生在国家政策指导下进入劳动力市场自主择业"。国家教委《关于1995年进行普通高等学校招生和毕业生就业制度改革的意见》确定到2000年时基本实现招生和毕业生就业制度的新旧体制转轨。在该委于1997年3月24日颁布的《普通高等学校毕业生就业工作暂行规定》中明确"供需见面和双向选择活动是落实毕业生就业计划的重要方式"，"实行招生并轨改革学校的毕业生在国家就业政策指导下,在一定范围内自主择业"。党和国家一系列有关大学生双向选择、自主择业的就业制度改革举措,表明国家正逐步退出对大学毕业生的就业安排,不再统包统分,就业与否由大学生和用人单位双方协商决定。这一方面显示国家与个人高度包容合一的关系的消解,国家与大学生个体的边界逐步清晰,个体不再需要一味地和无条件地服从国家,另一方面也让地方各级政府和高等学校把对大学生的就业指导和就业力提升置于了关键地位,大学就业指导服务中心和各类人才市场如雨后春笋般在全国各地建立起来。随着1999年的大学扩招,国家统包统分的大学生就业制度正式退出历史舞台。

三、2000年至今的市场导向自主择业

2000年,大学生就业派遣证改为就业报到证,意味着统分统包的最后标志退出历史舞台。2001年1月15日教育部发布《关于做好2001年全国普通高校毕业生就业工作的通知》,强调继续深化毕业生就业制度改革,加快建立毕业生就业指导和服务体系,实现毕业生就业指导和就业服务水平的全面提高,努力提高毕业生就业率,以就业率来考核、评价、推动和促进高校的人才培养工作,从此就业率成为考核大学生就业工作的关键指标。2002年3月2日国务院办公厅转发《关于进一步深化普通高等学校毕业生就业制度改革有关问题的意见》,提出"进一步转变高校毕业生就业观念,建立市场导向、政府调控、学校推荐、学生与用人单位双向选择的就业机制,努力实现高校毕业生的充分就业","引导并吸纳高校毕业生到基层和中小企业就业","鼓励高校毕业生到西部地区工作","鼓励人才合理流动","加强对高校毕业生的思想教育和就业指导",进一步表明国家更多地扮演政策制定、宏观调节、保驾护航的角色,而

把就业权交给大学生，由大学生面向市场自主择业，大学生和用人单位是就业市场的主体，高等学校在其间起着桥梁纽带的作用。2003年是高校扩招本科生毕业的第一年，又受到非典型肺炎疫情的严重影响，就业形势十分严峻，5月29日国务院办公厅发布《关于做好2003年普通高等学校毕业生就业工作通知》。面对严峻局面国家没有在改革道路上退缩，再次强调坚持"市场导向、政府调控、学校推荐、学生与用人单位双向选择"的改革方向，鼓励毕业生到基层和艰苦地区工作，对工作2年或以上的在报考研究生或党政机关以及应聘国有企事业单位的给予优先和优惠，鼓励毕业生自主创业和灵活就业，建立健全高校毕业生就业服务信息网络，做好就业指导和服务工作。此后到基层去，到艰苦地区去，自主创业始终是大学生自主择业的鼓励方向，在国务院办公厅和教育部有关大学生就业工作的要求中被反复强调，如教育部等十四部门《关于切实做好2006年普通高等学校毕业生就业工作的通知》就指出"把引导高校毕业生面向基层就业作为重点"，"积极组织实施好引导高校毕业生面向基层就业的项目"，包括"大学生志愿服务西部计划""三支一扶计划""农村义务教育阶段学校教师特设岗位计划"等，"切实加大对高校毕业生自主创业和灵活就业的扶持力度"。教育部《关于做好2011年全国普通高等学校毕业生就业工作的通知》则提出要"拓宽渠道，完善政策，更大力度引导高校毕业生到基层就业"，"优化创业环境，力争实现高校毕业生自主创业人数进一步增长"，要"设立大学生创业资金"，"加快建成一大批高校学生创业实践和孵化基地"。为强调自主创业在大学生就业中的重要性，大学生就业工作自2014年起改为大学生创业就业工作。国务院办公厅《关于做好2014年全国普通高等学校毕业生就业创业工作的通知》提出在2014年至2017年实施大学生创业引领计划，对创业指导、创业培训、工商登记、融资服务、税收优惠、场地扶持等方面提出了相应政策支持。随着"大众创业""万众创新"写入2015年国务院政府工作报告，教育部要求从 2016 年起所有高校都要对全体学生开设创新创业教育课程并纳入学分管理，设立创新创业奖学金以表彰在创新创业方面表现突出的学生。抗击新冠肺炎疫情的三年，教育部、人力资源和社会保障部多次发文，要求创新方式，通过建设"互联网＋就业"智慧平台，组织网上就业大市场等，优化网上就业服务，积极挖掘数字经济、平台经济中的就业机会，引导毕业生在其中灵活就业，强化精准招聘服务，开展高校毕业生就业云服务活动，联合社会力量推出"直播带岗""直播政策""新职业体验"等，提升服务吸引力，建立完善大学生创新创业信息服务平台，为大学生创业提供咨询辅导、资金保障、成果转化、跟踪扶持等一站式服务，实施"就业创业促进行动"，推动高校毕业生更加充分和高质量就业。

大学生就业事关国计民生和千家万户，虽然以市场这只无形之手为主进行调节，但党和国家并没有放任自流，完全将其交由市场决定，而是综合运用政策工具加强对就业工作的宏观指导，充分发挥无形和有形两只手相互配合的作用，实现大学生就业的效率与公平兼顾。保就业始终是中央政府的优先事项，国务院于 2012 年、2017 年和 2021 年三次发布促进就业规划，反复强调要统筹发挥市场和政府在促进就业中的作用，如《促进就业规划（2011—2015 年）》要求"坚持发挥市场机制作用与政府促进相结合。充分发挥市场机制在人力资源配置中的基础性作用，消除制度性、体制性障碍，进一步强化政府在促进就业中的责任，将促进就业作为制定、实施和调整经济社会政策的基本目标"；《"十三五"促进就业规划》提出"既要建立就业政策与宏观经济政策统筹的工作机制，积极扶持就业新形态，不断拓展就业新空间，又要密切关注就业形势变化，加强政策储备，以比较充分和更高质量的就业促进经济平稳运行"，"既要优化环境，健全机制，加快消除制度性、体制性障碍，充分发挥市场在促进就业中的决定性作用，又要提高基本公共就业创业服务能力，更好发挥政府作用";《"十四五"促进就业规划》强调"坚持市场主导、政府调控。推动有效市场和有为政府更好结合，既要坚持市场化社会化就业方向，加快破除制约就业的体制机制障碍，充分发挥市场配置劳动力资源的决定性作用，又要强化政府责任，优化整合各类资源，为促进就业提供强有力政策支持和基础性服务保障"。从中可以看出在肯定市场对大学生就业的基础决定性作用的同时，党和国家反复强调要充分发挥有为政府的职能，破除影响就业的体制机制障碍，优化就业环境，为促进就业提供政策支持和服务保障，充分展现了政府对大学生就业的兜底承诺。这一承诺是与深化改革开放，建设高水平的社会主义市场经济体制相适应的，体现了党和国家始终坚持通过政府的宏观调控实现大学生的公平与充分就业，显示了我国市场经济的社会主义本质。

第三节 新中国大学生就业中的"执两用中"

回顾新中国成立75年来大学生就业制度的建立、发展、改革与完善的历史，透过就业制度变化的表象，可以发现无论是国家统一分配的统包统分还是以市场为导向的自主择业，都是建立在对历史经验教训、经济社会发展需要和大学生人才资源充分全面分析的基础上，综合运用"执两用中"方法论的结果。虽然表面上没有突出"执两用中"，但"执两用中"无时无刻不在分析决策中发挥着重要影响，可以说什么时候坚持了"执两用中"，什么时候就作出了符合现实和未来的大学生就业安排，什么时候偏离了"执两用中"，什么时候的就业安排就脱离了实际，给国家和个人带来不必要的麻烦。

第三章　新中国大学生就业与"执两用中"方法论

一、大学生就业体现了"执两用中"全面观察和分析问题的内涵

新中国成立之初"一穷二白",没有像样的工业,不要说石油、钢铁无法自给,就连老百姓日常使用的肥皂、蜡烛也要进口,农业也不发达,不少地方还停留在刀耕火种阶段,化肥、农药、良种更是无从谈起,文化和科学水平都不高,文盲率超过80%,自然科学领域的首创性、独创性成果为零。在如此条件下建设社会主义和实现工业化,改善和提高人民群众的生活水平,不实行举国体制是不行的。换言之,只有实行计划经济体制,集中全国的人力、物力和财力资源优先办成一系列具有全局影响力的大事要事,才能起到纲举目张的作用,同时形成一个相对和平稳定的外部环境。之于人力,一方面,当时颇为稀缺的知识分子尤其是大学生非常关键和珍贵。新中国成立前我党虽然创建和掌握了一些高等学校,但缺少严格意义上的工科院校,而工程技术人员对于实现工业化的重要性不言而喻,这从根本上决定了国家必须把相应理工科大学生统筹起来科学合理使用以发挥最大效用。作为亘古未有的伟大工程,建设社会主义和实现工业化牵涉到方方面面,不但理工科大学生应该统筹使用,其他学科的同样需要由国家统一起来分配使用。另一方面,尽管大学生非常稀少,如1949年每十万人高等学校在校生人数仅22人,但经济社会的落后导致吸纳大学生就业的能力十分有限,造成大学生失业率居高不下,毕业即失业的现象普遍,并产生了严重的社会问题。基于对此的深刻反思与总结,国家显然被要求在大学生就业中发挥更大更关键的作用,通过政权的力量解决大学生的失业问题,实现大学生的普遍就业。如此不但可以赢得大学生和知识分子的信任,有利于新生人民政权的巩固,而且实现了对大学生人才资源的有效利用,有利于社会主义建设的顺利展开。

从外部环境看，随着抗美援朝战争的爆发和美军第七舰队入侵台湾海峡阻挠统一大业，妄图把新生的人民政权扼杀在摇篮中，新中国面向西方的大门被彻底关上。以苏联为首的社会主义阵营却向新中国敞开了胸怀，愿意为新中国的社会主义和工业化建设提供人力、物力和财力支持。当时苏联已成立三十多年，社会主义建设经验丰富，对经济社会发展特别是国民经济各门类的优先次序有比较成熟的做法，成功地把苏联建成了强大的工业国，并在"二战"中成功抵御和击溃了德国法西斯。作为同是共产党领导的社会主义国家，新中国在西方大门关闭的情况下采取了一切向苏联看齐的方针，在政治、经济、文化、教育等方面全面向苏联学习。苏联实行以公有制为基础的高度集中的计划经济体制，大学招生和就业执行国家统一计划和分配制度，服从分配是大学生应尽的公民义务和责任。同时苏联在新中国成立之初就给予3亿美元的无息贷款，相当于三年国民经济恢复期中央总投入的约七分之一，并无偿援建50个钢铁、电力、机械等领域的项目，"一五"期间更是援建大型项目156个，派遣一万余名专家和技术人员来华，这些项目及其配套不仅奠定了新中国工业化的基础，而且为大学生施展才干提供了舞台。基于高度集中的计划经济体制的要求和对国内外情况全面观察和仔细分析的"执两用中"，新中国形成了由国家统一大学招生和分配大学毕业生的统包统分的制度，其中对大学生就业政策的反思、对社会主义建设的人才需求和大学生供给的分析、对国际环境的评估和苏联经验的借鉴是"执两"，统包统分的就业制度则是"用中"。反之如果不坚持"执两用中"的方法论，在大学生就业上延续旧的做法，不仅与新生的社会主义政权的本质和计划经济体制的要求相悖，而且不利于集中举国力量实现工业化和建设现代化的经济社会形态。史实证明，统包统分制度解除了大学生就业的后顾之忧，让大学生迸发出无比的学习和工作热情，并充分发扬螺丝钉精神，服从国家需要，积极投身社会主义建设事业，直到现在一些耄耋之年的老大学生回忆起那火红的岁月仍然心潮澎湃。与此同时，标志着综合国力的GDP从1949年的358亿元增加到1965年的1716亿元，翻了两番多，建成了比较齐全的国民经济体系，原子弹成功爆炸，全世界首次人工合成结晶牛胰岛素，文盲率降至38%，国家的政治、经济、文化、科技等发生了翻天覆地的变化，这一切充分说明统包统分的大学生就业制度是符合当时经济社会发展需要的，"用中"是恰好的，在推动国家发展的同时助力大学生实现人生价值。

随着党的十一届三中全会确定改革开放的基本国策，特别是1984年经济体制改革决定的作出，由经济特区到沿海开放城市再到长三角、珠三角、闽东南和环渤海开放区，由点到线到面的开放格局初步形成，外资经济、民营经济和乡镇企业蓬勃发展，全国人员流动空前。截至1985年底，我国有中外合资经营企业2300多家，中外合作经营企业3800多家，乡镇企业1222.5万家。1984年国家放开民营企业登记，如今家喻户晓的联想、万科、海尔、正泰等都在这一年成立，到1989年民营企业已经超过9万家。1984年11月新中国第一支股票"飞乐音响"由工商银行上海分行信托投资公司代理发行。这一切都显示新中国的经济社会正在发生翻天覆地的深刻变化，高度集中的计划经济体制正逐步退出历史舞台，为更适合有中国特色社会主义初级阶段生产力发展水平的经济体制所取代。由此，与计划经济体制相适应的统包统分的就业制度必然要进行相应的改革，这是由经济基础改革带来的改革，是经济基础决定上层建筑的改革。但往什么方向改、如何改，需要对变化了的实际进行全面观察和分析后才能作出。一方面，大学生仍然非常稀缺，1981年到1985年的五年年均毕业人数只有30万左右，根本无法满足经济社会发展的需要，意味着政府在大学生就业中的角色不可能一下完全改变，统一分配的制度仍然需要维持一段时间，改革必须是渐进式的，适度增加大学生数量是改革能取得成功的基础。另一方面，大学生分配的去向仍然是政府机关、科研院所、国有企事业单位，其他所有制单位很少有。对大学生的定位仍然是国家干部，要求仍然是"又红又专"，大学生不想更不敢自主创业，而是分配什么就服从什么。作为公有制经济必要补充的其他所有制经济特别是民营经济和乡镇企业，对大学生求贤若渴而无门，以致在乡镇企业闻名的苏南地区只得通过"星期天工程师"的形式解决面临的技术、管理问题。同时统包统分制度下学用不一致的问题逐渐凸显，部分大学生混文凭的现象出现，接收单位用人机制僵化造成大学生使用效率不高。一切都表明统包统分已经无法适应经济社会发展的新形势，就业制度改革的方向必须与经济体制改革的方向相一致。于是在对发展中的新形势及其对大学生的新需求和大学生就业实际"执两"的基础上形成了统包统分和双向选择并行的"用中"，因为如果继续执统包统分的一端无疑会跟不上甚至妨碍经济社会的发展，而完全执双向选择一端则步子太大，在大学生和相关方没有思想建构的情况下势必会冲击正常生产生活秩序，同样不利于经济社会的发展。

1988年的企业所有权和经营权分离改革和1993年的政企分开改革，表明政府逐步退出了对微观经济主体活动的直接安排，回归到宏观调控的角色定位。随着社会主义市场经济体制和现代企业制度建设的稳步推进，一方面经济发展进入了高度发展的井喷阶段，GDP从1992年的2.72万亿元增加到2000年10.03万亿元，短短八年翻了接近两番，人均959美元，彻底解决了数千年来一直未能解决的温饱问题。另一方面基础建设日新月异，各种新鲜事物不断涌现到中国人面前，出境游成为富裕起来的人们的时髦，中国人第一次真正主动拥抱技术革命和全球化浪潮，固有的传统认知被不断刷新，人格的平等性、独立性和自主性成为青年人的普遍追求。"下海"成为最热门的话题和社会现象，众多有志知识分子和公务人员纷纷摆脱体制的束缚投身商海，掀起了又一次自主创业的高潮。据统计，仅在1992年就有超过12万名公务员辞职下海，停薪留职人数更是超过千万。民营企业如雨后春笋般蓬勃兴起，到2000年全国已经突破了176万家，注册资金超出1.3万亿元，吸纳就业超过2400万人，占到全国城镇就业人口20%以上，成为解决就业问题的重要渠道。经济社会发展变化之快超出了绝大多数人的预期，特别是1999年11月和2000年5月中美、中欧分别达成中国加入世界贸易组织协议，新中国完全融入国际化，普遍预计接下来的发展会更加超乎想象。新情况、新发展意味着大学生就业制度改革的步伐必须跟上，如果仍然让统包统分的就业制度缓缓退出，不仅与经济社会尤其是非公有制经济的蓬勃发展对人才的多样化、个性化需求不一致，而且有违鼓励"下海"的政策和人才已经在全国特别是沿海地区大量流动的事实，也与大学生追求自我的意识相冲突，本质上是在固守计划经济的影响不放。在对社会主义市场经济体制下经济社会快速发展及其与大学生招生和就业关系的全面分析和科学预测的"执两"基础上形成了合宜的"用中"，大学生就业制度改革的节奏明显加快，明确在2000年完成新旧制度转轨，市场导向的自主择业成为大学生就业的新的唯一的制度安排。

二、大学生就业彰显了"执两用中"与时俱进的权中精神

经济社会总是在发展变化中的，"与时偕行"既是对人的要求，也是对制度安排的要求。"执两"即对问题的全面观察和分析是"用中"的前提，但用中不是僵化的，也不是一劳永逸的，需要在前一阶段对中执行的基础上加以修正完善从而寻得下一阶段的中，实现与发展变化更好的契合并引领发展变化。恰好的大学生就业制度不仅要能够与经济社会发展的进程相匹配，而且要可以在促进经济社会发展和大学生实现人生价值之间取得平衡。时代在发展，大学生就业制度也要与时俱进，在每一时期权衡用中的基础上变革、发展、完善。新中国的大学生就业制度变革就充分彰显了权中这一"执两用中"的基本精神。

"用中"需权中，权中首要是时中，因时而中，同一领域内不同时期的中既相互独立，又相互关联构成有机整体，关键在于把握好每个时期的量与质，在量的积累时徐徐完善，一旦质变则迅速变革，并在变革基础上实现更高层次的完善。新中国是人民民主专政的社会主义国家，相对旧中国是一种质的改变，这就在本质上决定了新中国的大学生就业不可以简单延续旧中国的相关安排，因为无论施行的效果如何，它都是针对旧中国经济社会现实作出的，如果不予以变革就犯了保守主义的错误。在科学全面执社会主义与工业化建设、大学生供给情况以及国内外环境等两端的基础上并经反复权衡，新中国确定了由政府统一负责的统包统分的大学生就业制度安排。从1949年成立到1978年改革开放前，新中国一直是高度集中的计划经济体制，中间虽有波折，但出发点都是为了完善这一体制，并没有产生根本性质上的改变，由此经济基础决定的上层建筑，包括大学生就业制度安排也没有发生本质变化，而是处在不断的完善之中。1950年新中国开始了由国家统一分配的大学生就业制度的探索，但采取的是说服教育的方式争取大学生服从，对表示自找职业者听由自行处理。到了1952年，随着高度集中的计划经济体制逐渐建立和为即将开始的"一五"计划准备人才，大学生就业改进为由政府统一分配，取消了自找职业的规定，统包统分制度初步形成。随后的1955年又强调了"学用一致"的原则并被一直坚持下来。直到1958年出台对地方所属高校实行毕业生抽成分配的办法和1963年明确毕业生派遣、调配的职责分工和具体流程，统包统分的就业制度才得以初步完善。其中的每一步都是在坚持统包统分这个中的方向不变的前提下针对具体情况权的结果，如抽成分配就是在部分高校下放地方后提出的，以实现中央和地方兼顾，全盘与局部共赢。

1978年党的十一届三中全会确定了改革开放的基本国策，改革就是要改高度集中的计划经济体制及其配套的政治、文化、教育等各项制度，实行有计

第三章 新中国大学生就业与"执两用中"方法论

划的商品经济并建立新的配套，开放就是向全世界主要是西方打开国门，引进资本、技术等推动改革和经济社会发展，因此改革开放可以说是在坚持社会主义和人民民主专政的根本方向下的发展方式一次质的转变。作为与高度集中的计划经济适配的统包统分的大学生就业制度也要随着这种转变而变革，不过变革应当是循序渐进的，因为改革开放是摸着石头过河，靠一步一个脚印蹚出来的，而无论是摸还是蹚，本身就含有权的意味。基于这一角度，改革开放是运用"执两用中"对国内外实情和趋势全面科学分析后作出的，其进程是在对不断出现的新情况进行权衡而得中道的过程，从而在本质上规定了大学生就业制度的改革也是一个持续权中的过程，必须根据改革开放的进程而不断完善并反过来支持改革开放向纵深发展。改革开放以来各类经济主体的数量急剧增加，进一步加剧了大学生整体的供不应求，非公有制经济的蓬勃发展又凸显了分配的结构性矛盾，同时随着各种新思潮的影响，大学生的自我意识和独立精神高涨，这些都是伴随改革开放出现的新中国从未有过的新现象和新问题，对其的应对和解决之道无不体现着党和国家与时俱进的权中智慧。疏而不堵是优秀传统文化的宝贵财富，是千百年来中国人智慧的结晶。面对改革开放带来的新情况，既没有不顾师资、经费、校园基础设施和社会承载力大幅度增加大学招生规模，更没有采取压抑手段限制用人单位对大学生的旺盛需求，而是在逐年稳步增加招生计划基础上，于1985年提出允许高等学校在计划外招收少量委培生和自费生，高等学校从1986年开始执行，既在一定程度上解决了部分地区和企业对大学生的迫切需求，又为大学生自主择业摸索了经验。与招生制度改革同步，大学生就业制度改革亦在稳步推进。1983年在清华大学等四所高校试点的"供需见面"可视为新形势下就业制度循序渐进改革的肇始；1985年清华大学和上海交通大学的毕业生试行由学校与用人单位直接联系分配的办法，成建制地脱离了政府统一分配的轨道，并允许毕业生在分配的工作单位连续服满五年后可以合理流动，突破了延续多年的一分定终身的局面，一批大学生纷纷涌入深圳等经济特区和东南沿海，成为改革开放的弄潮儿。1989年大学生和用人单位双向选择改革目标的明确，标志着政府作为分配主体的退出，有了制度层面的规定，新中国大学生就业改革进入了新的阶段。

始于1993年的社会主义市场经济体制改革是新中国在坚持社会主义根本制度前提下经济社会又一次质的转变，首次把市场与社会主义结合在一起。计划和市场都是调节手段，计划不是社会主义的本质属性，资本主义也可以有计划，抛开以德国为代表的社会市场经济模式、以法国为代表的指导性计划市场经济模式和以日韩为代表的政府主导市场经济模式不论，即使在奉行自由市场经济模式的美英，也存在产业政策以及宏观调控和政府公司等。社会主义市场经济内在地要求把人才作为生产要素的一种并由市场起基础性配置作用，因而大学生就业也需要顺应这一要求作出相应的改革。虽然双向选择的改革目标已经确定，但统分统包并没有完全退出历史舞台，在一定程度和范围内仍然存在，与社会主义市场经济体制下经济社会的迅猛发展形成了明显的不协调。社会主义市场经济体制根除了制约生产力发展的体制机制因素，新中国迎来了举世瞩目的腾飞。一是综合国力迅速提升，国际影响力日益增强，特别是经由亚洲金融危机中香港金融保卫战的胜利，中国在全世界面前树立了负责任的大国形象；二是经济活力得到极大释放，物质文化产品迅速丰富起来，彻底告别了计划经济时代短缺经济的束缚；三是中国人的视野大为拓宽，以前所未有的主动和热情拥抱世界，积极汲取各种先进的文化与科技并应用于经济活动和社会实践，个人自主性、独立性的意识和追求进一步增强；四是"下海"、创业成为时代的符号，不但一大批公职人员离开体制投身商海，成千上万的大学毕业生也奔赴深圳特区、浦东新区等市场经济的前沿，寻找工作、施展才干、成就梦想，雷军、余承东等就是其中的典型。这些随着社会主义市场经济体制的建立和发展而呈现的时代征象，表明时域变迁下的中国经济社会已经发生了深刻的变化，各项制度规定需要与时俱进，紧紧跟上这些变化，否则就可能成为经济社会进一步发展的障碍，遑论反过来的促进作用，大学生就业也不例外。对广大大学生而言，仍然在一定程度和范围存续的统包统分制度不但是自由择业的一种束缚，而且妨碍了用人单位用人自主权的完整，影响了双向选择的顺利进行。因时而中，时代的变迁要求必须加快大学生就业改革的步伐，由是党和国家在1994年决定实施高等学校招生"并轨"改革，并规定除享受国家和单位专项或定向奖学金的学生外全部进入人才市场自主择业，1995年明确招生和就业制度在2000年完成新旧转轨，招生并轨从1996年开始执行，至1997年全国高等学校全部完成，国家教委在同年也要求实行招生并轨改革学校的毕业生在一定范围内自主择业。回顾新中国半个多世纪大学生就业制度安排的变迁，可以毫不夸张地讲，该改革的过程是由经济基础发生质的转变，由一种状态进入另一种状态而触发的，前进的每一步都是在前一步取得成效且暴露出一定问题的基础上针对经济社会发展的新境况和已有改革成效与问题予以全面分析、综合权衡后权中的结果，直至改革目标实现。

三、大学生就业反映了"执两用中"着眼长远追求极致的要求

《中庸》曰："凡事豫则立，不豫则废。言前定则不跲，事前定则不困，行前定则不疚，道前定则不穷。"新中国的社会主义建设和改革开放是中华民族历史上伟大的社会变革，推动经济社会的持续发展是长期性、艰巨性工程，其中的每一步成功都离不开事先的高瞻远瞩、精确规划和执行中的脚踏实地、持之以恒。着眼长远、追求极致是千百年来中国人始终坚守的做事原则，也是"执两用中"方法论的思维启示。作为社会主义建设和改革开放事业重要的人

力资源要素，大学生能够人尽其才、才尽其用无疑是非常必要和重要的，而就业是让大学生得以学以致用、发挥才干的基本前提，因此任何时期的就业安排不仅要立足当下，更要着眼长远，把长短期要求紧密结合起来。分析新中国大学生就业安排和改革，无一不是既针对当时必须解决的急迫问题又考虑经济社会发展的长远需要。新中国成立初期实行由政府统一分配的统包统分的就业制度，一方面是为了集中全部力量实现国民经济的恢复和发展以及社会主义改造工作，同时解决大学生失业严重的问题，另一方面更是为了适应高度集中的计划经济，为社会主义建设的长远之需提供持续的人才保障。反之如果没有发自长期的深谋远虑，新中国就不会从党和国家的高度出台大学生就业制度，制定分配计划和监督执行；而如果没有做到尽善尽美的动机，就不会因应而变，根据经济社会发展不断完善之。改革开放以来的四十多年，尤其是建设社会主义市场经济体制的三十多年，是大学生就业适应和促进经济社会新形势不断改革和完善的时期。从供需见面试点到双向选择再到市场导向自主择业，既顺应了经济体制改革和社会主义市场经济建设环境下经济主体多元化对人才的需求，满足了对外开放背景下大学生自主性、独立性的需要，又为经济社会的进一步发展做好了人才制度方面的储备。换言之，社会主义市场经济的发展是一个长期的循序渐进的过程，在此过程中市场对资源的配置作用是基础的，对人才的需求是持续的，虽然结构可能发生变化，但需求是一如既往乃至提升的。市场导向自主择业提供了人才供需双方选择最适合的对方的权利和机会，实则呼应了市场起基础配置作用的要求，既解决了过去统包统分制度下对大学生统得过死、德才可能与职业职位不匹配的问题，又可以经由市场的反馈不断调整完善大学生的知识和素质储备，实现市场经济、用人单位和大学生之间最好的适配，而这种适配反过来又可以促进社会主义市场经济更好地发展。

着眼长远、追求极致是"执两用中"方法论的内在要求，自始至终都反映

第三章　新中国大学生就业与"执两用中"方法论

在新中国大学生就业之中。一是勇于创新，不断在总结自我和汲取他人经验的基础上针对新情况和新趋势创新方式方法，以让大学生更好地适应和促进经济社会的发展。《大学》云"苟日新，日日新，又日新"，创新是根植于中国人的血脉中的，唯有及时创新，才能实现"作新民"，才会有欣欣向荣的新气象。以积极开放的心态和行动拥抱新发展、新事物是做好创新的前提，新中国的大学生就业改革之路就是在不断拥抱经济社会发展的新动态中经由创新实现至臻完善的。改革开放和建设社会主义市场经济体制以来，中国社会呈现海纳百川之势，各种新事物层出不穷，如果说改革开放以前特别是"文革"以前的大学生就业制度的完善是在一个相对预见性较强的环境中推进的，那么改革开放后就是在一个开放的和预见性不那么强的环境中通过创新突破达成的。比如1983年的供需见面试点，就是在特区建设稳步前行和搞活经济的背景下的大胆尝试，实际上是改政府统一分配、学校和用人单位纯粹执行为供需双方达成一致、学校和政府按政策派遣，首次赋予了大学生对就业的支配权和选择权。如果没有这一次的创新突破，就无法总结经验并推而广之，之后顺利的双向选择和市场导向自主择业可能就是另一番景象。20世纪末21世纪初互联网兴起，网络成为人们日常工作生活的必备和重要场所，全社会就业的主要渠道亦逐渐从线下转移到了线上，2006年教育部等五部委成立全国高校毕业生就业网络联盟，2008年推出全国大学生就业公共服务立体化平台，为大学生和用人单位提供便捷的双向选择服务，此后平台不断优化升级，于2022年建成"国家24365大学生就业服务平台"，提供与大学生就业相关的从政策指导、招聘信息到三方协议签订的一站式服务。网络给经济社会带来的另一个显著变化是平台经济和数字经济从无到有的崛起，并直接影响到大学生的学习、生活和就业，2018年提出要促进大学生到新兴领域就业创业，三年新冠肺炎疫情期间更是要求积极挖掘数字经济、平台经济中的就业机会，联合社会力量推出"直播带岗""直播政策""新职业体验"等以促进大学生就业。上述这一系列创新之举，健全了大学生就业安排，并使之朝着尽善尽美的方向努力前行。二是注重细节，以对细节的不断精进让大学生就业安排更为完善，取得国家社会、用人主体和大学生及其家庭之间的合宜平衡。《中庸》有"致广大而尽精微，极高明而道中庸"，讲的是只有在精微之处做到极致才能在广博的世界游刃有余，只有对世界有高度的认知、洞察和领悟能力才可以实现中庸之道，细节是决定成败的关键。大学生就业是事关国家发展和千家万户和睦的大事，从就业政策到正式上岗，链条长，环节多，其中任何一点的疏忽都可能造成难以想象的后果，因此注重细节并落实好对大学生就业可谓不可或缺，而无论是统包统分还是双向选择抑或是市场导向自主择业，都做到了对细节的重视，力求无任何缺漏。在统分统包制度时期，教育部等三部委于1963年8月30日发布的《高等学校毕业生调配、派遣暂行办法》，除了规定毕业生调配和派遣的职责分工、遵循原则、特殊情况处理等外，还在"关于派遣工作"条中特别明确了粮票、旅费发放标准，旅费开支标准和报销办法以及寒冷地区棉衣添置补助等，把大学生在报到过程中可能遇到的问题都一一作了安排。国家教委在1997年发布的《普通高等学校毕业生就业工作暂行规定》中明确"供需见面和双向选择活动是落实毕业生就业计划的重要方式"，并要求供需见面和双向选择活动的时间应安排在节假日，不得以营利为目的向学生收费，充分考虑了高等学校正常的教学科研和学生正常的学习活动以及活动的公益性质。再如对师范生等从事特殊职业学生的就业安排，虽然高等学校在1997年就全面实现招生"并轨"，但一直保留着免费培养师范生的制度，以解决困扰多年的农村和西部中小学师资缺乏问题。需要指出的是，注重细节不等于管得过死，管得过死意味着剥夺了服务对象的知情权和选择权，管理者完全替代服务对象作出了决定，注重细节则是站在服务对象的立场，从服务对象的角度出发排除前行道路上可能出现

第三章 新中国大学生就业与"执两用中"方法论

的障碍，二者的性质和目的完全不同。三是把握好度，"执两用中"的"中"是恰好，是两端之间一个最佳的点，一个适宜的度，所谓"质胜文则野，文胜质则史。文质彬彬，然后君子"。"失之毫厘，差之千里"，如果偏离了这个适宜的度，哪怕只是一点点，也可能导致完全违背初衷的结果，新中国的大学生就业在这方面是有深刻教训的。

回头看新中国大学生就业安排的确定和改革，是基于经济社会的发展而不断"执两用中"的过程，背后反映的是新中国的国家与个人之间关系的演化史。新中国成立之初，面对旧中国留下的烂摊子和以美为首的西方全面封锁的险恶环境，实行了高度集中的计划经济体制和与之配套的统包统分的大学生就业制度，无论是大学生个人还是用人单位，都必须接受国家行政性指令的统一安排。国家利益至上不仅是传统文化的传承，而且是当时的正确选择，个人依附和从属于国家的制度性安排，并将之完全内化为自觉。在当时的社会环境下，大学生都以服从国家分配为荣，自觉把自己视为社会主义建设事业的一颗螺丝钉来考虑就业，把个人的理想与国家的需要高度统一起来并纳入国家的理性中。传统文化与社会主义、共产主义意识的有机耦合成功塑造了新的大学生，以集体性自我替代了个体性自我。改革开放后，从试点供需见面到双向选择再到市场导向自主择业，展示了国家逐步退出对大学生就业统一分配的决心和进程，市场因素渐渐渗入大学生就业并最终发挥基础性作用，标志着国家和个人之间合而为一的关系的解构，个体性自我被重新激活，大学生个人也从依附和从属于国家的制度性安排转变为适应社会主义市场经济发展要求的自主性角色，国家与个人之间逐渐建构起一种新型的平等关系并明晰各自的边界，国家在大学生就业中的大家长角色慢慢遁去，只是以法律形式保留着大学生个人对国家利益的绝对忠诚，并以家国情怀的方式延续对国家的爱与奉献。

第四章

"执两用中"和传统职业观贯穿大学生就业全过程

大学生就业改革给高等学校和大学生最重大的影响之一就是就业力的培养和提升。在统包统分制度下，大学生从进入校门起就是国家人，包当干部，这种身份设定使得相当一部分大学生得过且过混毕业，在一定程度上造成了优等生就业不优、差等生就业不差现象的产生，有违公平原则。市场导向自主择业，意味着大学生必须接受市场的挑选，与经济社会现状和发展趋势不匹配，不能满足用人单位品德和能力要求的必然遭到淘汰，因此无论是高等院校还是大学生本人，都需要把提升就业力置于重中之重，不只是在毕业求职季才高度重视，而是从进入大学的始业教育起就把就业力提升纳入其中，并贯穿整个大学阶段。同样地，就业作为过程性工作也应当嵌入整个大学学业，以每个阶段的坚实步伐换取就业的水到渠成。在就业过程的每一个环节，都要对具体的目标和任务提出针对性的策略和办法，因而需要运用"执两用中"方法论，寻得恰好的度，同时需要把凝聚着千百年来中国人智慧的传统职业观一并贯穿，让大学生可以更好地实现就业并就好业。

第一节 始业教育中的"执两用中"和传统职业观

始业，《现代汉语词典》解释为："①学业开始，特指大、中、小学的各个阶段开始。②职业开始。"❶ 始业教育作为大学新生入学后的"第一课",不仅决定着能否扣好大学生涯的第一粒扣子,使大学四年甚至更长时间的学习生活可以顺利前行,而且影响到大学生的价值观、职业观,奠定职业生涯能够走多高、走多远的基础。

一、始业教育意味着大学生职业生涯规划的启航

始业教育,顾名思义,是为了大学新生可以尽快熟悉所学专业和融入大学生活而展开的一系列导入性、衔接性的教育活动。无论是录取通知书发出后就开始还是入学后组织,始业教育都在帮助新生顺利完成从中学生到大学生的角色转换,因为中学阶段的学习目标是单一的,就是在培养健康体魄和优良品德的基础上实现升学,搞好文化课学习是主要的,而大学阶段则复杂得多,不仅要在继续保持体魄健康和品德优良前提下掌握好专业知识理论和必要的技能技巧,而且要为毕业后工作做好心理、人际、能力等多方面多层次的建构,不管本专科还是硕博生,都是要离开校门进入职场的,所以从这层意义上讲,大学生涯可以视作进入职场的准备阶段、过渡阶段,准备得充不充分,过渡得顺不顺利,既检验了大学的学习成果,更关乎到职业的发展程度。所谓"万丈高楼平地起",在大学阶段夯实基础无疑会让大学生受益终身。

始业教育对市场经济环境下大学生健康成长的重要性不言而喻,相较于国内高校,国外高校的研究和实践早得多也成熟得多。1888年波士顿大学就开始了新生入学指导教育,如今美国高等学校都有类似中国大学的始业教育,称为"Freshman Orientation"或"Fresh O",也有高校称作"Orientation"或"New

---

❶《现代汉语词典》(第7版),商务印书馆2016年版,第1190页。

Student Orientation",无论称谓如何,都是对大学新生进行导向性的指导教育,以展示大学广阔的学习机会,引导新生在身心方面顺利转型和迅速融入大学的学习生活。1987年美国成立了由教育部、劳工部等组成的跨部门生涯信息协调委员会并于1992年出台了《国家生涯发展指导纲要》(The National Career Development Guidelines),明确了从小学到初中、高中再到成人四个阶段每一阶段的自我认知、探索教育与职业的关系、职业生涯规划三个环节的任务,其中自我认知包括对自己兴趣、能力、个性等的全面认识,探索教育与职业的关系是了解学习与职业的关系以及如何获取职业信息和在职业中学习,职业生涯规划则是掌握对职业生涯的规划和决策,包括职业定位、目标设定和实现通道等。由是职业生涯规划教育贯穿了美国从小学教育到高等教育的全过程,并且从大一到大四进行了适度区分。一般而言,大一主要以唤醒职业生涯意识为主,让新生明白职业生涯规划是一件贯穿整个大学阶段的非常重要的事,通过始业教育和就业指导部门等搜集完善学生信息,组织心理测试,以便从价值观、个性、特长等角度帮助学生制订个人的职业生涯规划。因此,美国大学的始业教育除了常规的对学业的理解、身心健康、正确的人生观和价值观、责任意识、良好的人际关系等,全面认知自我和职业生涯规划也是重要的内容和要求。

反观我国,大学生始业教育起步比较晚,主要原因是在统包统分制度下大学生是相对稀缺的人才资源,其就读什么专业和从事什么工作主要由政府根据国家需要统一安排,个人的选择权和决定权微乎其微,加之学业压力小,开展始业教育的意义不大。随着1997年招生"并轨"和从1999年开始的大扩招,一方面大学生的稀缺性迅速降低,另一方面又需要以市场为导向自主选择职业,导致学业压力增加,人际关系趋于复杂,而当时的大学生普遍缺乏对自己个性等的全面认知,因而对新生开展相应的指导就显得重要而急迫,以协助他们更好地度过大学生涯并顺利步入职场。1999年,宁波大学的胡坚达发表《谈

第四章 "执两用中"和传统职业观贯穿大学生就业全过程

高师学生的始业教育》一文,提出"抓好师范学生始业教育是学生管理工作的一个重要课题"[1],并分析了始业教育的必要性和具体的对策建议,标志着始业教育正式进入了我国高等学校研究和实践的范畴。伴随高等教育由精英化步入大众化,始业教育越来越成为高等学校学生管理和思想政治教育的重要环节和新生的必修课,所有高校都会在新生入学后展开时长二至四周不等的始业教育,介绍学校历史、校风校训,了解专业情况,构建良好人际,形成正确三观等,同时进行心理测试,建立心理档案和成长大数据库,并开展初步的职业生涯规划宣讲。2017年2月中共中央、国务院印发《关于加强和改进新形势下高校思想政治工作的意见》,提出高校要把立德树人作为根本任务,坚持全员全过程全方位的"三全育人",始业教育作为新生入学的第一课,当然成为"三全育人"不可或缺的组成部分。事实上始业教育的理念在我国源远流长,《礼记·学记》曰:"大学始教,皮弁祭菜,示敬道也。宵雅肄三,官其始也。"就是入读大学首先要进行始业教育,学习朝见天子和祭祀先贤的基本礼仪,以培养学生谦逊恭敬之心,诵读《诗经·小雅》的前三篇即《鹿鸣》《四牡》和《皇皇者华》,以引导学生求仕为官的志向。不难看出古人倡导的始业教育是直接与职业关联的。换言之,始业教育的主要目的就是确立职业志向和提前熟悉职场规范。按照激励理论,人们行为的动力来自激励,而激励的高低则取决于期望和效价,即达成目标的可能性和目标满足当事人内在需要的价值大小。在古人眼中,入大学之初就明确与职业相关的事项可以提升职业对学生的价值,并且结合老师的传道授业解惑树立实现职业目标的信心,从而最大限度地激发学生的学习热情,克服学习道路上的困难,战胜挫折,最终以扎实的知识本

---

[1] 胡坚达:《谈高师学生的始业教育》,《宁波大学学报(教育科学版)》1999年第21卷第4期。

领、过硬的综合素质和问题解决能力以及符合义礼的待人接物之道走入职场，成为弄潮儿。由此看来，古人始业教育的理念对当前的大学生始业教育仍具有极高的借鉴意义。从入学一开始就应让新生们真正认识自己，了解自己将来可能从事的职业，并把它们作为始业教育的关键内容予以落实，使始业教育成为大学生职业生涯规划的起点。从一定程度上讲，我国的大学新生在整个中小学阶段有关职业生涯的教育是缺少甚至缺失的，对职业的理解是懵懂的。因此无论历史还是现实抑或中外比较，都要求在始业教育中就强调职业生涯规划并且贯穿整个大学生涯，直到毕业离校并走上工作岗位为止。

二、在始业教育中贯彻"执两用中"方法论

对广大大学新生而言，始业教育不仅是了解学校包括各种规范的过程，更是全面认识所学专业和知晓职业生涯规划重要性的过程，经由始业教育，他们可以褪去高中生的心理定位，以大学生的身份开始新的人生旅途，因此如何实施始业教育以达到预期效果就成为高等学校需要思考和解决的问题。"执两用中"作为汇聚中国人千百年智慧的有用方法论，既可以在国家大政方针的制定中发挥举足轻重的影响，比如新中国大学生就业安排的确定和改革，也可以在人们日常的修身养性、待人接物中起到关键指导作用，如忠恕之道，"己所不欲勿施于人"，己之所欲亦施于人，"己欲立而立人，己欲达而达人"。之于始业教育，"执两用中"同样是顺利实施和实现预期的方法论保障。

在大学生始业教育中贯彻"执两用中"方法论是必要的和可行的。首先，当代大学生作为互联网的原住民，完全成长在改革开放的环境中，多种思想意识的相互交织造就了他们相当强的自我意识和独特个性。他们会比较强调个人感受和个人利益，对事情和问题往往有自己的看法和说辞，以自我为中心的现

第四章 "执两用中"和传统职业观贯穿大学生就业全过程

象相当突出，这在基本层面上决定了在始业教育中采取一刀切的单一方法是行不通的。事实上，孔子之所以崇拜舜，尊舜为圣人，关键就在于"舜好问而好察迩言，隐恶而扬善。执其两端，用其中于民，其斯以为舜乎"。换句话说，如果舜不能够广泛听取意见，就无法全面了解事情的本来面目，即使再有隐恶扬善之心，也无法做到"用其中于民"；正是有了广泛听取意见作为前提，再结合隐恶扬善的本意，舜才可以"执两用中"，才成为真正的舜。从这点上讲，大学生始业教育要做到因材施教，就需要采用"执两用中"的方法论，在全面分析大学新生个体特点的基础上找出学校可以实施且学生能够接受的恰当办法，力争取得双方都比较满意的效果。其次，当代大学生作为家中的宠儿，独立精神和担当意识普遍比较薄弱。虽然他们个性独特、自我意识强，但深深打上时代烙印的成长方式使得他们在真正面对问题时往往无法保持客观冷静，也就无法独立解决问题和担负相应责任。换言之，相当多的当代大学新生是一个矛盾复合体，一方面他们的自我意识空前高涨，另一方面独立承担责任的意识和能力相对较弱而不能与自我意识相匹配。鉴于他们家境相对优良，父母往往竭力为他们提供好的生活条件，为他们遮风挡雨，呵护他们一路成长直到迈进大学校园，许多困难和问题由父母代为或帮助他们解决而不是让他们接受摔打，虽然有的中学阶段已经住校，但实际并没有远离父母。因此大学新生中有相当部分虽然从年龄上讲已经成年，但心理仍然处于成年前状态，导致他们既渴望被视为成年人得到相应的尊重，尤其是在作出有关他们的决定时，又觉得应当一如既往地得到师长的呵护，特别是在遇到困难或心情不好时。这种矛盾的心态和表现意味着始业教育需要采取因情境不同而适度调整的方法，也就是要因时而中，陪伴大学新生成长。反之，如果同一方法不加区分地运用到所有场合，该尊重时没有尊重，该关心时缺少关心，很可能造成始业教育矛盾不断，难有理想的效果。再次，正因为自我中心主义，当代大学生普遍缺乏换位思考，抑或是忠恕思维。网络和随之而来的新自由主义盛行，让他们在想问题办事情时往往过于考虑自己，忽略了对他人和社会可能造成的影响，"己所不欲勿施于人"与他们中的多数渐行渐远。最具代表的就是此类学生的归因方式，往往认为成绩是自己努力的结果，失败则倾向于是运气不好、别人所致或环境干扰，是比较典型的自我中心和自我保护策略，而且在大学新生中更为明显，可能与中学阶段的升学压力过大有关。在这种或类似策略的作用下，这些大学新生多自省精神不足。曾子曰："吾日三省吾身。为人谋而不忠乎？与朋友交而不信乎？传不习乎？"强烈的自我反省不仅有助于形成正确的归因模式，而且是可以真正做到尽己之心的前提。《左传·宣公二年》曰："人谁无过？过而能改，善莫大焉。"任何人只有不断反省才能认识到自己哪些地方没有做到位，从而加以改正改进，方可以尽己之心，坦诚自我并取信于人，否则连自己都无法面对，如何能有同理心做到换位思考？而所谓"推己及人"也会陷入错误的解释，就如部分大学生所理解的，纯粹是把自己的思想和情绪强行投射到他人身上而已，与真正意义上的"推己及人"风马牛不相及。大学新生存有的这些现象抑或问题正说明始业教育中有必要把"执两用中"及其蕴含的忠恕思想与他们讲清楚、讲透彻，而高等学校拥有的师资和典故等完全可以实现之，从而让新一代的大学生从入学之日起就明白中国人的文化精髓和为人之道并内化外显到言行举止中，树立新时代大学生特有的精气神。

始业教育，除了让大学新生清楚学校和专业，展示大学丰富的学习机会和学习方法，帮助他们顺利实现向大学生的角色转换，更是整个职业生涯规划的起点。因此在始业教育中贯彻"执两用中"的方法论，可以尝试在以下方面予以努力，彰显"执两用中"的力量并获得比较好的教育效果，从而增强大学新生践行好职业生涯规划的信心。一是对专业的介绍坚持"执两用中"，客观全面地展示专业的面貌和前景。一般而言，高等学校总倾向于从积极的角度来

第四章 "执两用中"和传统职业观贯穿大学生就业全过程

向新生介绍专业，因为积极的暗示更容易激发学习的热情，然而正如屈原《卜居》所言："夫尺有所短，寸有所长；物有所不足，智有所不明；数有所不逮，神有所不通"，任何事物都存在好与不好的两面性，专业也不例外。经过大学阶段的学习后，当代大学生需要以市场为导向自主择业，大学专业也就不可避免地或直接或间接与市场联结，接受市场的挑选，因而有必要在始业教育中把专业有利和不利的两个方面以及应对方法都向新生讲清楚。事实上好的或者热门的专业是相对的，随着经济社会的发展会发生变化，甚至走向反面，比如曾经的工商管理、国际贸易专业，因情境变化而时中的道理就在其间。老子讲"反者道之动，弱者道之用"（《道德经·第四十章》），天地万物发展变化的规律是在向对立面的转化过程中经过循环往复实现的，是在"润物细无声"的状态下发挥作用的。之于大学专业，走向对立面就是其规律，并且终有一日会走向对立面，高等学校需要做的是毫不避讳地把这一点告诉新生，让他们建构起对专业全面辩证的认知和对未来的客观预期。二是引导新生正确认知自我时做到"执两用中"，让他们可以理智地看待可能存在的个性缺陷，既不视而不见，也不妄自菲薄。安排新生进行心理测试并建立心理档案是始业教育的重要环节，在此之中会发现新生先前可能并不知晓某些优点，同时也会发现部分新生存在这样或那样的心理问题，并且这些问题中的多数都指向了人格。对于优点要给予充分肯定，鼓励并尽可能提供机会使优点得以发挥；对于问题，首先要让他们清楚人格包括了气质和性格，其中气质是与生俱来的，并没有好坏之分，任何一种气质都有其有利的一面和不利的一面，比如胆汁质气质类型，既有决策果断和敢于创新的优点，也有作风简单粗暴的不足。而性格是后天养成的，受成长环境和认知偏差的影响可能多多少少存在问题，对此要在专业人员的指导下帮助他们全面分析问题并建立起正确的认知，不回避问题，也不因问题而否定自己。存在问题不是个案，关键是要帮助新生明白问题延续乃至加重可能导致的不利后果以及缓解和解决问题可以带来的改变，在对问题正反两方面充分分析的基础上寻得一条得到本人认可的适宜办法并付诸行动。换言之，高等学校需要经由始业教育，让新生客观认识自己，避免大学学习和职业生涯遭受重挫。三是始业教育本身的方式方法要注意"执两用中"，针对学校实际和新生特点采取恰好的办法，既不过于偏向学校而忽视了新生的接受程度，也不片面强调新生感受而忽略了高等学校精神和文化的传承。任何一所高等学校，其发展史都充分铸就了特有的精神和文化内涵，并成为识别其师生员工的重要标志，始业教育的功能之一就是让新生明白和认同这种精神和文化，感受其中的魅力并加以传承。然而大学新生来自五湖四海，成长环境和经历各不相同，有着鲜明的个性特征，采取简单的灌输显然是行不通的，灌输的结果很可能非但无法得到新生的认同，反而可能引起逆反。因此始业教育不能为了教育而教育，甚至把目的演化成手段，而是需要在立于学校一端时充分考虑新生的特点。另外，新生毕竟刚刚脱离高中生的定位，距完全社会化尚有很长的路程，对自我能力的有限性认识不足，想问题办事情不成熟，从而决定了在始业教育中需要重视但不能只从新生的角度出发来推进教育，那样就不是在教育而是在迁就新生，会使整个始业教育沦为一盘散沙，因此在立于新生的一端时同样要考虑学校的实际。就好比一场音乐会，取得效果的关键是听众和演奏者之间的共鸣，音乐则扮演了二者之间的桥梁。通过音乐的旋律，听众受到了触动，并给予演奏者一个积极的回应，在这种回应中，演奏者因感受到了听众的触动而触动，并给予听众同样的积极回应，由此共鸣产生了，音乐会取得了预期的理想效果。高等学校的精神和文化在始业教育中的地位就像音乐会中的音乐，通过在执学校和新生两端的基础上寻得合适的度并用中，既不偏向学校也不偏向学生，如情景再现、实地参观、当事人讲述、团体竞赛等就是符合中道的方式方法，完全可以在始业教育中大胆使用，从而实现学校和新生之间的共鸣。

第四章 "执两用中"和传统职业观贯穿大学生就业全过程

三、把中国传统职业观融合到始业教育中

始业教育是大学生职业生涯规划的开端，意味着大学生职业生涯规划正式启航，对新生进行心理测试，除了建立大数据库和发现心理问题并纠偏外，另一个重要目的就是掌握新生的性格特征，为将来的就业指导积累资料和奠定基础。西方职业理论研究表明人格和职业之间存在一定的匹配关系，不同人格的个体适合的职业领域有所不同，如美国心理学家约翰·霍兰德的职业兴趣理论，从职业角度把人格分为现实型、传统型、企业型、研究型、艺术型、社会型六种基本类型，每种类型都有与之相匹配的职业。个体的人格与其从事的职业的相互匹配程度会影响职业满意度、稳定性和职业成就等。又如迈尔斯－布里格斯类型指标（MBTI）把人格根据注意力方向、认知方式、判断方式和生活方式四个维度分为了16种类型，每一种类型都有相对稳定的人格特征和适合的职业，同样强调了人格和职业匹配的重要性。虽然西方职业理论相对成熟且传播范围广、影响力大，是高等学校就业指导中普遍采用的理论，但该类理论的基础是个人主义。换言之，该类理论过度考虑了个体因素对职业选择及成功的影响度，忽视了国家和社会的基础性角色。事实上职业选择和成功是个体、国家和社会以及职业相互耦合的结果，国家和社会在其中功不可没，这一点中国传统职业观多有强调，因此在大学生职业生涯规划起点的始业教育中就引入传统职业观是现实的和紧迫的。

在浩瀚的历史长河中，中华先民们留下了丰富的关于职业的认知和思考，建构了从属于优秀传统文化并与优秀传统文化和谐统一的传统职业观，并且数千年不断演化完善，充分体现了中国人的人生观和价值观。当代大学生是要走向职场的，在一个文脉从未断绝，传统文化赓续数千年的伟大国度，不了解、不掌握、不化用传统职业观是相当不切实际的。传统文化和职业观在职场

中的影响无所不在，大到单位利益与国家和社会利益冲突的处置，小到与同事商讨工作事项的方式方法，都体现了中国人特有的家国情怀与"己所不欲勿施于人"和"推己及人"的待人接物之道。互联网的无孔不入让青少年浸润的是快餐文化，沉迷的是虚拟世界，崇尚的是简单主义，只求然而不求所以然，塑造谦谦君子和讲求仁义礼智信的传统文化在他们中的相当部分看来只是与自己格格不入的"之乎者也"，优秀的传统在他们身上丢失得太多了。如果说新文化运动是批判传统以唤起人们的觉醒，那么如今在始业教育中融入传统职业观则是在帮助当代大学生树立正确的人生观、价值观和职业观以适应受中国传统文化浸染的职场，所以基于大学生未来职业发展的视角，强化传统职业观教育是完全必要的。再者西方的职业理论和职业观是建立在西方社会和文化基础上的，隐含着西方文化的宏大叙事。与中国人的家国同构不同，西方社会的基础是个人的，也就是经由人与人之间的契约结合形成家庭，进而社区和地方，最终国家，是先有家再有国，因而非常注重个人边界与个人及家庭利益并把它们置于优先地位。中国人是先有国再有家，没有国哪有家，个人和家庭是国家和社会网络的节点和组成部分。国家虽然不是脱离了人的抽象存在，但也不会由于个别人的变化而改变存在，国家和社会利益始终优于个人和家庭利益，表现在职业观上就是强调从国家和社会整体利益出发定位职业，与西方社会和文化所奉行的完全是另一种路径。当然这里不是批判西方职业理论和职业观，只是强调其有存在的相应土壤，而这种土壤只有西方存在，如果我们的大学生只有西方的职业观而对中国传统的职业观知之甚少或一无所知，我们未来大概率会坠入西方话语体系建构的叙事中而难以自立。一个日益强大且富有抱负的传统文化始终赓续的国家是绝对要避免此类担忧成为现实的，而在始业教育，即职业生涯规划的初始阶段就加强传统职业观的教育，无疑是防止此类结果的有效举措。再有，我们正在大力加强文化自信建设，习近平总书记反复强调："文化

第四章 "执两用中"和传统职业观贯穿大学生就业全过程

是一个国家、一个民族的灵魂","泱泱中华，历史何其悠久，文明何其博大，这是我们的自信之基、力量之源","中国有坚定的道路自信、理论自信、制度自信，其本质是建立在5000多年文明传承基础上的文化自信"。弘扬中华民族的文化自信，重要内容之一就是弘扬优秀传统文化，当然包括作为优秀传统文化组成的传统职业观。当代大学生作为未来经济社会发展和中国式现代化的生力军，是建设和弘扬文化自信的重要力量，因此了解包括传统职业观在内的优秀传统文化并对其充满信任是十分必要的。反之，如果他们对优秀传统文化一无所知或一知半解，很难想象依靠他们如何建设和弘扬文化自信。如果文化自信建设不扎实，道路自信、理论自信和制度自信的根基就会被动摇，从而在整体上削弱四个自信。同时，文化自信建设是一项长期工程，非一朝一夕可以完成，需要一代人接着一代人的努力和传承，从而决定了当代大学生对优秀传统文化的知晓和信任不仅影响他们自己，还会影响下一代甚至几代的文化自信并承担文化自信不到位引起的不利后果。因此在始业教育中融入传统职业观并作为重点，绝不只是因为职业生涯规划必须为当代大学生顺利走入职场和职业发展着想，它还应被上升到文化自信建设和传承及中国特色社会主义建设和中国式现代化的层面加以理解和重视并认真落实。

作为优秀传统文化的组成部分，传统职业观是博大精深的，传承数千载而不衰。在始业教育中融入传统职业观并传授不可能一下子面面俱到，需要结合大学生就业的全过程即整个大学生涯制订翔实的计划，分阶段、分步骤实施。由于多数大学新生在始业教育前没有全面接触过传统职业观，所以始业教育可以在中学阶段已有优秀传统文化教育的基础上重点让新生明白传统职业观的精神内核和基本观点。传统职业观充分体现了中国人的家国情怀、集体主义精神和追求"仁"的宗旨，目标是实现人人安居乐业的大同社会，从而构成了与西方职业观最本质的区别，不是简简单单的一份工作和追求所谓的自我实现。换言之，始业教育中融入传统职业观首先是要让新生树立正确的职业观，清楚职业与工作的区别，把自己的职业选择和发展建立在维护国家和社会利益的基础上。通过职业谋取适当的经济收益是安身立命的需要，无可厚非，但"君子爱财，取之有道"，要引导新生正确认识和自觉抵制形形色色的以物质财富为唯一或主要衡量标准的所谓成功观，始终把诚信和守正置于职业生涯的基础地位并支撑职业的发展。因为社会评价标准的异化，职业被根据可以从中获得金钱等物质的多少粗暴地分出了等级，那些有着高物质报酬的工作被认为高人一等，那些物质报酬低的工作则被鄙视。而在传统职业观看来，任何经济社会发展需要的职业都有其存在的理由与空间，缺一不可，无论外表是否光鲜，物质回报多少都没有孰高孰低之分，更何况没有任何一种职业是可以永远光鲜并获得丰厚物质报酬的。对职业的评价是会改变的，关键是在满足国家和社会需要的前提下从事与自身相匹配的职业并向大国工匠学习，做到精益求精。这就涉及传统职业观的另一点——自律。但凡取得成绩的人，无论是学习上还是工作上，自律都是根本，是体，是尽己之心。自律最重要的除了诚信，还有慎独，《大学》云："诚于中，形于外，故君子必慎其独也。"慎独是高等学校培养人才的关键要求，任何一名新生都需要清楚其对塑造典范人格和取得学习工作成绩的重要性，慎心、慎始、慎终，通过自我反省不断提升自己。总之，在始业教育中融入传统职业观是培养人才所必需的，有助于新生更好地学习和在职业生涯走得顺畅。

第二节 就业指导中的"执两用中"和传统职业观

无论对高等学校还是大学生而言，就业都是一个循序渐进的过程，从始业

第四章 "执两用中"和传统职业观贯穿大学生就业全过程

教育阶段职业生涯规划的起始,到前就业阶段职业生涯规划的调整与完善,再到求职阶段职业生涯规划与职场的对接与过渡,贯穿了整个大学生涯。如果说始业教育阶段以了解职业和树立正确的职业观为主,那么前就业阶段则是有倾向性地掌握相关职业及其要求并为之持续积累知识和能力。在对大学生进行就业指导中,同样需要坚持"执两用中"方法论和融入传统职业观。

一、前就业阶段是职业生涯规划的调整和完善阶段

前就业阶段是大学生涯的主要阶段,从一定意义上讲,自始业教育结束,开始专业学习到毕业季求职之前,期间的几年都是在为就业做着准备。无论是专业知识的学习积累还是团队合作认识处理问题,无论是自我认知的进一步深化还是人际关系的妥善处理,无论是技能的培训提升还是实习机会的把握与努力表现,哪怕是一篇报告的撰写,都是在提高自身的就业竞争力,以便在未来激烈的求职季中赢得先机,脱颖而出。因此这一阶段可以说是为了就业而蓄势的阶段,这一阶段准备得越充分,就越能在求职阶段迸发出巨大的能量,顺利实现理想就业,由是不打无准备之仗才真正成为现实。

知己知彼方能百战不殆。前就业阶段最关键的成长之一是在心理专业人员和辅导员老师的帮助下对自我认知的细化和具象化。在入学之前,大学生对自己的认知往往是初步的和模糊的,一方面是由于中小学阶段特别是高中阶段学业负担非常重,学生把主要精力都集中到了学习上,争取高考出彩并考上心目中的理想高校,注意力的稀缺使他们无暇顾及自我的其他方面,除非出现因为学习或其他因素导致的心理方面的问题而主动求教于学校心理老师或校外专业人员;另一方面,虽然近年来党和国家非常重视中小学生的心理健康并要求学校配备心理健康教育老师,但鉴于历史欠账太多,并非所有中小学都能由具备

心理学专业背景的老师担任，并且对心理健康教育的要求过于宽泛，在学科课程的冲击下，大量中小学在实际工作中并没有把心理健康教育置于十分重要的地位，心理老师往往疲于奔命。对相当部分大学生而言，始业教育中的心理测试才让他们首次从专业角度知道了自己的人格类型，相当部分大学生存在这样或那样的心理问题，尤以焦虑和抑郁为最，其他如感情脆弱、自卑感强、心理承受能力差、人际交往障碍等也比较常见。在前就业阶段，学生既可以学习并掌握面对学习、情感、亲子、同伴、社会支持等问题的正确有效办法，又可以逐步实现对自我认知的细化和具象化，从而把对自我的认知丰满起来，比如绝大多数人的人格都是非典型的，是两种或更多种类型的复合体，而这种复合体与职业的匹配程度往往更高。至于心理问题，则可以通过心理咨询和其他必要手段得到逐步缓解甚至消除，从而构建起健康的自我人格。自我认知的细化和具象化无疑有助于职业生涯规划的优化与调整，因为职业生涯规划强调人职匹配，对自我认识得越具体、越清晰，越容易确定职业锚。大学生在前就业阶段的另一个关键成长体现在专业认知和学习上。除了少部分人是根据自己的兴趣和志向选择专业，大多数人要么是赶热门，要么是求名校，还有就是无可奈何，对专业的认识是模糊和不全面的，对于专业是否适合自己和自己能否学好专业是不清楚的。事实上任何专业对学习者都是有一定要求的，或许无关智商，但与心理特质关系密切。某些特定专业尤其如此，例如数学就需要非常强的挫折耐受力，而刑侦则离不开细致入微的观察力和缜密的逻辑推理能力。经过一段时间的学习，在前就业阶段大学生会发现本人是否适合当前专业，如果不适合，表现在哪些方面，需要如何处理，是调整自己以适合专业还是转到适合自己的专业；如果适合，是毕业后直接就业还是进一步深造，都需要作出决定。也就是说，大学生最终确定了专业方向，而这构成了职业生涯规划调整与完善的另一项基础。当然在此过程中，团队合作能力、人际交往能力、专业相关技能等的提升也是职业生涯规划优化和完善所不可或缺的。经过优化和调整，职业生涯规划可以更加具体，更贴近学生和职业的实际，也就更可能付诸实施。

二、在就业指导中运用"执两用中"方法论

有观点认为对于大学生就业最重要的是毕业求职阶段的帮助和努力，它直接体现了就业能否成功。不过这取决于如何定义成功，如果成功仅仅意味着找到了一份工作，那求职季的技巧无疑是重要的，因为有些工作给与不给一个人很大程度上是由求职时的现场表现决定的；而如果把成功确定为获得了与自己匹配的职业，那不仅离不开求职季的帮助和努力，更加关键的是于此前的前就业阶段已经做了充足准备。因为工作只是安身，职业除了安身外还有立命，蕴含了精神层面的寄托与满足，从这一意义上讲，就业成功应当是循序渐进和水到渠成的。常言道"台上三分钟，台下十年功"，就业就是大学生登台表演，表演得好不好、恰当不恰当，能不能为观众所接受，很大程度上取决于之前长时间的积累，功夫练得到不到家。因此，就业指导和积累就尤其重要。

前就业阶段的积累，就是为就业贮备专业知识与能力、健康体魄与心理以及待人接物之道等；就业指导，则是引导和帮助大学生认识影响就业的系列问题，构筑顺畅的就业之路，其间坚持和运用"执两用中"十分必要，影响一些普遍性问题的真正厘清。一是引导他们正确处理专业与人格之间的关系。受经济社会发展和评价标准的影响，当前大学生多会选择就读热门专业，这些专业可以提供更好的就业机会和更优渥的待遇，特别是随着科技革命和竞争，与高科技相关的专业如计算机、集成电路、人工智能、电子信息、通信工程等更是热得烫手。姑且不论热门的变迁，最终能否取得就业机会和优渥待遇更取决于

是否具备并满足了相应职业的要求，而这种具备和满足除必需的努力外，还离不开专业与大学生人格的相互吻合。换言之，如果大学生的人格类型与就读的专业是匹配的，并且专业是兴趣所在或者至少没有反感，那么学好专业并拥有相应职业必备的条件的可能性就大得多，反之如果二者相互冲突，则往往会影响到学业和就业。因此高等学校的就业指导首先要指导和帮助大学生辩证看待并处理好人格与专业之间的关系。在专业和人格的矛盾中，一方面全面厘清专业的来龙去脉、优势与劣势，另一方面客观全面认识自我，经由执两端寻求合宜的解决办法，对完全不适应专业的大学生要做好思想工作，晓以利害，避免意想不到的后果。二是引导大学生理性对待情感与学业之间的关系。情感出现问题，包括恋爱和亲子关系问题，是当代大学生中比较常见的现象。根据中国科学院心理研究所等发布的《2022年大学生心理健康状况调查报告》（以下简称《报告》），大学生中有27.61%处于恋爱状态、25.4%处于单身想脱单状态、41.93%处于单身且不想脱单状态，也就是说超过一半的大学生在情感上与恋爱相关。按照埃里克森的人格发展理论，大学生处于亲密对孤独的冲突阶段，恋爱可能与人格发展和心理健康水平有关。《报告》就发现，良好的恋爱关系是大学生心理健康的一剂良药，恋爱中大学生的抑郁、焦虑和无聊感得分都较低。不过高等学校一线心理咨询老师也反馈恋爱中的大学生敏感、患得患失。但无论如何，在前就业阶段加强对大学生的恋爱心理引导和教育是非常必要的，以帮助他们树立正确的恋爱观和妥善处理恋爱和学业之间可能出现的冲突。亲子关系问题虽然没有恋爱那样的普遍性，但也是不容忽视的大学生情感问题，特别是亲子关系的疏远。当代大学生的父母大多出生在20世纪的六七十年代，其人生观、价值观的形成时期是改革开放的初期，社会形态总体上处于向现代社会转型的阶段，互联网还没有出现，传统的影响力仍然比较强大，勤俭节约仍然是普遍的信条。而在国家富起来背景下长大的年轻一代，从

第四章 "执两用中"和传统职业观贯穿大学生就业全过程

小就浸淫在互联网环境，形成了一套有别于父母辈的言语表达体系，加之受到自由主义和消费主义的影响，在处理问题上表现出相当明显的自我中心倾向，与父母之间有着一定的代沟，造成部分大学生与父母存在着情感问题，典型表现为父母以为子女还小，而社会又非常复杂，常常打着爱和关心的旗帜约束其学习和生活，而子女则认为这是对自己个人权利的粗暴干涉，由此导致双方关系紧张。上述两类现象如果处理不当，必然直接影响学生的学习和生活，对就业的负面效应也不言而喻。所以在就业指导中让这部分学生建构起相应的正确认知尤为重要，而在其中坚持运用"执两用中"则可以使对问题的认识和处理更为清晰适宜。对于恋爱，要引导大学生思考爱情是什么，恋爱的目的和动机是什么。恋爱是两个人的事，学业安排、就业规划、人生追求等如何协商一致？如果出现分歧如何解决？万一分手了如何面对接下来的生活？对于亲子关系，同样要引导大学生思考父母和子女意味着什么，让他们多回忆父母过往对自己的爱与关心，同时联系学生的父母，劝导其该放手时就放手，相信孩子能够处理好自己的学习和生活，相信学校会对孩子的人生财产安全担负起应有的责任。这两类问题在本质上是共通的，恋爱也好，亲子关系也罢，如果健康良好，都可以给身处其中的人以更多的情绪情感支持。如果情绪情感问题真的对学习造成了干扰，则需要协助大学生全面分析持续目前状态给学业带来的后果是什么，如果改变改善目前状态又能给学习带来哪些收益，并进一步明确学业的核心地位，然后在分析的基础上确定适中的可行方案，以最大限度地降低情感对学业和就业的冲击。三是引导大学生全面认识就业与读研之间的关系。近年来，随着经济社会特别是科技发展对高层次人才的需求和全社会就业压力的增加，考研逐渐在大学生中成为主旋律，报考人数连年增加，到2023年已经高达474万人。许多学生在大二至迟大三初，有的甚至入学前就确定了考研打算。不过考研涉及本人、家庭和高校以及国家等多方面，学生是否考虑清楚是就业指导必须关注的问题。虽然对高校而言考研是重要的业绩指标，但并不是每一名大学生都适合考研，因此就业指导教师需要与立志考研的大学生一起分析透彻考研的各方面因素：其一，考研备考要投入大量的时间、精力甚至金钱，必然会对正常的学习生活造成不小的负担，学生需要在备考和正常学习之间实现必要的平衡。对于那些原本学习就有些吃力的学生，备考可能会干扰正常的课业学习，也会耽误他们参加院系组织的必要活动。考研备考固然重要，但平时的课业学习、人际交往、社交活动等，对于培养集体意识、执行力和人际处理能力也是相当关键的，大学生应考虑清楚利弊得失。其二，考研成功暂时缓解了就业压力，但当今经济社会发展日新月异，两三年后的就业形势如何没有人可以准确预见，但无论如何研究生毕业后都是要求职的，因而考研并不能从根本上消除就业带来的压力。在就业指导中有必要让大学生认清现在面对和延后面对就业的利弊并理性抉择。现实中已有大学生在看到一些研究生毕业后依然找工作难的局面后作出了边就业边考研并以就业为重的决定，或者在工作之后再决定是否考研，不失为"执两用中"的做法。其三，研究生学习的两三年学生的收入相对微薄，学习和生活支出大部分需要家庭承担，因此家庭的经济能力也是不得不纳入考虑的问题。部分大学由于宿舍资源紧张而无法为全部研究生提供住宿，更是进一步推高了读研支出，因此投入产出账要算清楚。其四，学历不等于能力，职场中的大多数能力来自工作中经验的积累，学历高只是代表在某一领域内知识理论掌握得比较深刻，但不意味着职业需要的能力一定高，学历和能力之间没有等号关系。除了某些特定的岗位，如研发职位，一般职位中能力对绩效的影响是比学历大的。职业能否取得成绩的关键在能力而非学历，即使那些特定的职位，也非常强调知识理论的迁移能力，如果只是掌握了而不能迁移同样是不行的。就业指导的重要功能就是引导学生想清楚这些，执好考研利弊的两端，从而在就业和读研之间作出理性分析与抉择。总之，就业指导的目的是最大限度地帮助大学生认清就业与自我之间的关系，排除影响就业的认知和情感方面的阻碍，助其顺利就业。

三、在就业指导中深度融入中国传统职业观

作为影响了千百年来无数代中国人以及当前文化自信建设和传承的重要内容的传统职业观，只有"内化于心、外化于行"才能真正在当代大学生的就业之途中扎根和发挥作用。如果说始业教育阶段是向大学生导入传统职业观，让他们了解传统职业观的精神内核和基本观点以及其中蕴含的家国情怀、集体主义精神和对"仁""和"的不懈追求，那么在就业指导中则需要展示并传授传统职业观的具体内容和伦理，以在当代大学生心目中植入传统职业观的翔实影像和符号并使之活化起来，进而能够在即将到来的毕业求职和职业生涯中践行传统价值观并发扬光大，强化其应有的地位和作用，这不仅是现实的，而且是必要的。

由于长时间浸淫互联网和深受多元文化影响，传统职业观对相当部分当代年轻人包括大学生而言已经显得陌生，仅仅依靠短暂的始业教育是无法把深邃的传统职业观完整展现的。换言之，始业教育阶段的主要任务只是传输传统职业观的梗概和精髓，即在就业全过程中开启了传统职业观教育的大门。大门可以显示室内的金碧辉煌、恢弘大气，但在门外始终是远观，只有跨越大门步入室内才能近距离真正感受到无比震撼。因此就业指导阶段是始业教育阶段的延续，把传统职业观这一室内的恢弘磅礴展示在当代大学生面前，让他们形成对传统职业观的有效观瞻，奠定起内化于心的基础。反之，如果只是让大学生伫立大门口而不是进入室内，哪怕大门再精致宏伟，他们也只会留下一时的感慨而难以长久铭记。所以进入室内无疑是非常关键的，而且在现实中是完全能

够实现的，既可以借助就业指导课程穿插展示，也可以经由活动集中展示，还可以在个别指导中针对性展示，以多渠道的灵活方式把传统职业观的内容和伦理铺展给大学生。这一过程应该是双方积极互动的过程，并且完全能够取得共鸣，大学生可以体会到传统职业观是温情和接地气的，从而或强化始业教育中构建的对传统职业观的积极形象，或改变以为其是高冷的认知，从而形成对具体内容和伦理展示的积极回应。就业指导教师在收到回应后会进一步确认展示方式以及过程的合理性与有效性并持续优化完善，实现积极的向上螺旋。当然，共鸣的实现同样有赖于传统职业观展示过程中恰当方式方法的运用，即就业指导教师能够针对大学生的特点因材施教、因时施教，大学生可以敞开胸怀积极拥抱传统职业观而不是抱有异样的目光。双方相向而行，"执两用中"，共鸣必然随之产生并深化。

在就业指导中融入传统职业观，目的不是共鸣，而是让大学生明晰传统职业观并内化于心，从而在求职阶段能够外化于行，实现人职匹配的职业目标选择。高等学校要充分利用大学生涯中这一比较长的阶段，深入细致地展示传统职业观的内容和伦理。一是细化内容的展示，阐释具有这些内容的前因后果。传统职业观的内容具体表现为以国家和社会利益为导向的职业定位、没有高低贵贱之分的职业观念、现世性和世俗性的职业倾向以及重视自律和他律的职业活动规则。这些内容的形成和发展与中华民族的起源和演化息息相关，发端于黄河和长江流域的中华民族，由于与自然的和谐共处和农耕文明下以家庭和家族为纽带的情感寄托，中国人没有形成对彼岸和天国的强烈向往，一切活动以现实世界为导向，即使开天辟地、披荆斩棘的盘古氏、神农氏、燧人氏等，无一不是现实的人而非神。正是这种现世性，产生了国与家的同构，国家无论产生还是发展都是以民为基础和邦本的。"民为贵，社稷次之，君为轻。是故得乎丘民而为天子"（《孟子·尽心下》）；反过来，民也应当忠于国，"临患不忘

第四章 "执两用中"和传统职业观贯穿大学生就业全过程

国，忠也"(《左传·昭公元年》)，而林则徐那句"苟利国家生死以，岂因祸福避趋之"更是数千年来中国人忠诚于国家的形象写照。没有国就没有家，没有个人，反映在职业观上就是职业的存在和定位是以国家和社会利益为根本导向的，士农工商、帝王将相、贩夫走卒，都是特定历史下经济社会发展所必需的，缺一不可。所以《周书》曰"农不出则乏其食，工不出则乏其事，商不出则三宝绝，虞不出则财匮少"，《管子·小匡》云"士农工商四民者，国之石民也"。由此引出传统职业观的另一项重要内容即职业没有孰高孰低之分，广为流传的"三六九等说"是就人品说而非就职业说，之于当下社会，无论是发展尖端科技的科学工作者还是走街串巷的外卖小哥，只是职业分工不同，都是在为国家的经济发展出一份力，发一分光。现世性对传统职业观的另一影响是形成了世俗性的职业倾向，也就是从不避讳财富的作用和追求财富的合理性。孔子有两句名言："富与贵，人之所欲也"和"富而可求也，虽执鞭之士吾亦为之"，管仲亦讲"仓廪实而知礼节，衣食足而知荣辱"，财富之于个人和国家社会的重要性被表达得淋漓尽致。但正如"执两用中"方法论蕴含的辩证思维所指出的，任何事物都具有两面性，追求过了就犹如不及，只会适得其反，所以孔子又有"不义而富且贵，于我如浮云"和"如不可求，从吾所好"的表述，也就是说富贵需要符合礼义，过于追求富贵而忘却礼义是本末倒置，必须予以谴责，同样也是传统职业观所不允的。与西方建立在个人主义基础上的职业观不同，西方为了利益只要法律不禁止就行，道德可以置于脑后，必要时还可以修改法律，而中国传统职业观十分强调道德伦理的作用，强调职业活动中的自律，强调诚信、慎独等品质，认为法律规则等他律只是对自律的必要补充，与西方职业观正好相反。二是突出职业伦理的诠释，明确坚守伦理的重要意义。传统职业观的伦理和内容是相伴而生的，共同形成了传统职业观的支柱。具体而言，传统职业伦理包括重业、敬业、乐业、诚业等，其中重业即对职业的重视是整个传统职业伦理的基础。安居乐业、中和美好的大同社会是数千年来中国人的崇高理想，这意味着需要以人人有职业从事为前提。在古人看来，重业构筑了社会稳定的基石，其有两个层面的含义，其一是重视就业，即整个社会实现充分就业，没有人游手好闲，其二是重视职业发展，也就是可以取得或大或小的职业成绩，而不是始终原地踏步走甚至倒退。试想一下，如果无论主动还是被动原因都失业严重，在职者也无法取得成绩或升迁，那么整个社会将是怎样的景象？由是重视就业并努力实现职场发展的重业伦理对于国家未来经济社会发展中坚力量的大学生意义非凡，不但体现了对传统职业观的传承，而且表明了对国家和社会的责任与担当。敬业和乐业是传统职业伦理的核心。如果说重业显示了中国人对职业和职业发展的重视，那么敬业则表达了对职业的敬畏之心，而乐业则展现了以职业为乐的情怀和清楚职业边界的尽分守职的操守。世间的职业都是特定历史时期经济社会发展需要的，都是神圣的，因而都是可敬的。敬业意味着执业之敬，这比较容易理解，还意味着择业之敬。孔子认为"邦有道，贫且贱焉，耻也；邦无道，富且贵焉，耻也"，职业是谋食但更是谋道的载体，终极目标是中道和社会大同，因而在择业时应当敬重职业所蕴含的特有道德要求，不可以逆之而为，就如同唱歌，只有遵从旋律才能奉献美妙悦耳的歌声。对大学生而言，敬业表明需要掌握好专业知识，"工欲善其事，必先利其器"，专业是敬业的前提，如果缺乏专业知识的储备，敬业就无从谈起，因为无论如何都无法把工作没做好与敬业联系起来。职场中的诸多事项是协同完成的，因而较好的团队合作能力和人际交往能力是必须的，也就是要乐群。能群是人与其他生灵的区别，"乐群者，乐于取益，以辅其仁也"，乐群不仅和敬业并列为传统职业伦理的基本要求，而且可以取长补短，在实现团队目标的同时增益自己的仁义之心。这就要求大学生把自己视为团队中的普通一员，既不怯于表现自己，也不以自我为中心而强求他人必须认同和支持自己。敬业和乐业是硬币的两面，乐业可以更好地敬业，敬业反过来可以更多地体会到职业的乐趣，进一步强化乐业，并且由于乐业而能够以更加快乐平和的心态从事职业活动，也就可以构建与同事良好的人际关系，更好地乐群。之于大学生，实现乐业需要在职业活动中加强情绪管理，做到情感积极、坚持不懈和尽分守职，尤其是尽分守职，不但体现了对职业的责任，而且表示了对职业对象的爱，而来自对方的积极反馈会增强大学生的敬业和乐业。诚业是传统职业伦理的保障。诚实守信是百行之源，无诚信"上则败德，下则危身"，大学生需要明白在职业活动中"诚则信，无私则威"，真正的职场威信不是源于职位或权力，而是来自诚实和无私，所以诚信是立身和修业之本，没有了诚信往往容易唯利是图，也许可能在短时间内获得一定的物质利益，但时间一长就会遭到反噬，轻则得不偿失，重则身败名裂。浮躁是当前社会最突出的弊病之一，不少人都渴望一下子功成名就，然而任何职业都有自身的发展规律，诚业的另一方面就是要遵守职业发展规律，不急功近利，就像解牛之庖丁、卖油之老翁，他们遵循解牛和卖油的规律，日积月累终而游刃有余。所以诚实守信和不疾不徐是诚业的重要内容，也是大学生职业生涯顺畅的护身符。

第三节　毕业求职中的"执两用中"和传统职业观

　　大学数年，弹指一挥间，毕业季的悄然来临，也是大学生求职季的开始。就业不仅是对大学生专业知识理论的检验，而且是对其品德和待人接物的考察，更是对其观察、认识和处理问题能力的考验，因此让大学生掌握和运用"执两用中"方法以及践行传统职业观就显得尤为重要，而这也是在毕业求职阶段需要重点落实的内容。

一、毕业求职是大学生职业生涯规划的落地

经过始业教育阶段的启航和前就业阶段的调整与优化，随着毕业求职阶段的开始，职业生涯规划正式由前执行状态转入落地实施状态。再好的规划如果无法实施或实施效果远不如预期，就不是好的规划，甚至是一纸空文，大学生职业生涯规划的落地不仅关乎其能否从事人职匹配的职业，而且关乎始业教育和就业指导中高等学校和大学生双方相关努力是否有效以及此后的就业工作需要在哪些方面作出怎样的改进。换言之，大学生在毕业求职过程中的表现既展现了大学生涯的成长和学习成果，又检验了就业指导和职业生涯规划的成效，是高等学校就业工作好坏的关键验证。从这层意义上看，抓紧毕业求职阶段尤其是其中的实习阶段对职业生涯规划予以进一步的细化完善无疑对提升大学生的求职表现和实现人职匹配的就业是大有裨益的。反之，如果不充分利用每一个机会做好毕业求职阶段的指导，非常容易使整个大学生涯包括始业教育和前就业阶段的工作前功尽弃，无法实现预期目标。

在毕业求职阶段，绝大多数大学生已经有了对自己较为全面客观的认知，也对职场和自己将要从事的职业有了一定的认识，甚至有了一定的体验，对就业有了比过往更加全面和清晰的理解，因此他们可以主动校正自己，以努力适应职场的发展变化。在就业全过程的最后阶段，也是攻坚阶段，需要一方面延续在始业教育和前就业阶段被证明行之有效的办法，特别是"执两用中"的方法，并给予包括招聘组织、求职渠道、简历撰写、面试技巧等的帮助和指导；另一方面密切关注大学生在求职过程中的表现，及时获得反馈并协助总结成功的经验和不成功的原因，必要时指导大学生适度调整职业生涯规划和就业预期

第四章 "执两用中"和传统职业观贯穿大学生就业全过程

以更加贴切地反映和吻合市场变化和自我实际。现阶段的大学生就业是市场导向自主择业并且只要社会主义市场经济体制存续就会延续下去,所以职业生涯规划的落地效果一定是以市场的检验为唯一标准的。为了取得好的落地效果,毕业求职阶段首先需要把与就业市场的连结作为非常重要的工作来落实,主动走出去,充分利用校友资源、协作关系、主管机构等渠道和借助科技力量第一时间获取市场的需求及其变动信息并及时告知大学生,同时也要把大学生作为高等学校最主要的产出积极向市场推荐,形成市场、高等学校和大学生之间的良性互动。这就满足了职业生涯规划顺利落地的条件之一,即紧贴就业市场并随市场的发展变化而起舞。其次是调适大学生的心态和期望以契合就业市场的发展变化,虽然在就业指导中已经针对自我认知和拟从事职业之间的关系对大学生的就业心态进行了一定程度的调适,但那主要是针对为职业打基础的专业学习的,并且彼时离真正的毕业求职还有相当长的时间,而此时来自就业市场的或好或坏的信息已经真切地传递给了大学生,因此调适更多地指向了职业,即把与市场之间的良性互动转化为对职业和自我的理性认知并经由调适以达到实现就业的目的。市场导向自主择业强调了大学生和用人单位双方选择对方的自主权和自由权,但由于大学生资源已经由稀缺变成了过剩,用人单位实际上占有了较大权重的选择权,特别是那些前景好、待遇好和稳定性强的行业龙头单位,大学生必须主动调适自己以适应就业市场的这种新格局,否则大概率会被市场抛弃,给自己、家庭和社会增添负担。再次是引导大学生注意职业生涯规划落地的节奏,也许职业生涯规划是这样的节奏,但在实际中可能是那样的节奏,如果非得要以这样的节奏就会造成根本落不了地。原规划一步到位的,现实可能要求两三步甚至更多;原规划在此处落地的,现实可能要求在彼处,原规划期望以这样的代价落地的,可现实根本无法兑现。规划本质上是一种计划,但计划往往赶不上变化,既然就业市场已经发生变化,那么职业生涯规划就要针对性地调整，尤其是在落地节奏方面，所谓因时而变以求中道很多时候就体现在具体节奏上。在毕业求职中累现这样的景象，为考研考公考编二战三战，只想进大厂而对中小企业不屑一顾，只愿在一线或经济发达地区的二线城市而对其他地方嗤之以鼻，往好了讲是一种咬定青山不放松的精神，但更多的是不到黄河心不死的不切实际。能一步到位固然好，但更要引导大学生有勇气和决心逐步实现职业生涯规划并付诸行动，一步步地让梦想变成现实。最后是做好无论大学生心态如何调适，职业生涯规划如何调整，求职都无法落地的准备。失败是成功之母的道理所有人都明白，毕业求职季无法落地不代表永远无法落地，但求职一而再再而三被拒的经历对大学生和家庭是残酷的，容易导致心理和生理上的负性甚至病态反应。对高等学校而言，一方面说明就业指导存在严重的瑕疵，另一方面要做好相关大学生的心理辅导和调适工作，切不可简单地将问题抛给个人、家庭或社会解决。

二、毕业求职中坚持"执两用中"方法论

如果把大学生就业全过程视作一场演出，那么毕业求职阶段就是最后彩排和正式登台，整个大学生涯准备得是否充分扎实，完全是通过登台表演的效果来检验的：顺利获得人职匹配的职业表明演出得到了观众即用人单位的认可和欢迎，无法获得职位或获得的职位不理想则显示表演出问题了，要么质量不过关，要么与用人单位的需求不吻合。求职成功实际上是大学生和用人单位这一矛盾组合体相互作用下的积极结果，对大学生而言只有先执清楚自己包括学校及专业背景与就业市场特别是用人单位的两端，然后在中间取得一个双方可以一致的恰好的点才可能顺利就业。任何一方只考虑自身的立场和利益就是执了一端，大学生一味迁就用人单位同样是执一端，都无法得中、用中，也就无法

实现合宜双方的就业。因此相较于始业教育和前就业阶段，毕业求职阶段更需要坚定运用"执两用中"的方法，毕竟这关乎到毕业登台演出的效果能否让大学生自己、高等学校和用人单位等都满意。

作为正式登台前的最后排练的重要组成部分，实习的作用众所周知，因为职场需要面对的是错综复杂的现实，杂糅着经济、法律、技术、人际等诸多因素，认识和处理的是充满挑战的问题，过硬的专业知识和理论功底固然在一定程度上有助于适应职场，但学习终究是学习，与职场区别很大，而实习则是桥梁，很好地把二者衔接了起来。无论从大学生就业还是高等学校指导角度来看，都需要在思想和行为上重视实习，以更好地实现学生向职场人转变，为就业打下坚实基础。对于实习的过程和用益，要引导大学生运用"执两用中"的方法处之。一方面部分大学生对实习的期望很高，实际却不如预期甚至大相径庭，巨大的落差会让他们怀疑甚至否定实习的意义；另一方面也有少数大学生认为实习可有可无，对其抱着过家家的态度，从一开始就弱化了与实习单位建立良好关系的可能性。不管前者还是后者，都欠缺了运用"执两用中"方法论观察和处理问题的本领，没有全面辩证地看待实习。职场中的事情和人际关系远比学校学习来得复杂，对此要构建起充分的心理预期，有了这样的预期才能够发现实习中的美好和对自己的益处，在面对落差时就可以泰然处之。同时，实习是把已经掌握的知识理论应用到实际以认识和处理问题的难得路径，把握和利用好这样的路径有利于更好地走入和适应职场。所以只有清楚了实习的良莠两端，才能有恰当的实习态度和真正把握住实习，最大限度地收获实习的用益，否则就很容易陷入误区，失去了实习对就业的最大意义和帮助。树立正确的认知是实习可以取得成效的前提，但实习过程中还会遇到这样或那样的问题，高等学校要做大学生的坚强后盾，鼓励大学生并协助他们剖析问题和做好与实习单位的沟通协调。总之，高校要把实习作为一项影响就业全局的工作来抓，扮演好助推员的角色，坚持温室培育不出劲松的理念，引导大学生全面正确认识实习，充分利用好实习机会锻炼自己，虚心向职场前辈学习，把掌握的知识理论运用到职场实际中，以优异的实习表现力争取得实习单位的认可和推荐，实现由实习向就业的转化。

  在毕业求职过程中准备简历和进行笔面试是必备环节。如果说实习解决的是知识理论向职场经验的转变与积累，那么简历和笔面试则是把知识理论和经验积累展示给用人单位并因此获得职位职业的强大工具和实现通道。对于简历，这里不去讨论简历的格式、要素、亮点和言语风格，而是强调简历的撰写和使用需要采取"执两用中"的方法。简历要突出大学生的优势，让用人单位耳目一新从而让求职者顺利进入接下来的招聘流程，因此如何使简历同时反映大学生的特点和适应用人单位的要求就成了撰写时必须面对的问题，"执两用中"的方法为此提供了可行的解决之策。换言之，简历撰写需要站在大学生的位置，以用人单位的视野审视简历希望传递的信息，如此方可以同时实现双方的诉求，反之就只突出了一方的要求，实则是执了一端。简历一要简明扼要，重点突出，切忌洋洋洒洒，长篇大论。洋洋洒洒固然可以表达出大学生方方面面的情况，但正因为过于冗长，一则会浪费用人单位的宝贵时间，二则会显得大学生没有突出的亮点，降低简历得到认可的可能性，也就是投入产出不成比例。简明扼要不是简单敷衍，而是把大学生最闪亮的特点用简单明了的语言在简历的突出部位表现出来，并辅以必要的数字等说明，从而抓住用人单位的心弦，既节约了时间，又实现了简历本应有的目的。设身处地想一下，如果大学生是用人单位的招聘人员，面对冗长拖沓的简历，又有多少兴致和耐心可以看完，而简历简明扼要，重点突出，风格鲜明，又会多么毫不犹豫地将其纳入笔面试的范围。当然，万一有情况必须用详细的言语或其他描述才能说明清楚，如设计创意等，完全可以以附件的形式呈现，而不是纳入简历主体中。二要描

第四章 "执两用中"和传统职业观贯穿大学生就业全过程

述适中，不过分夸耀自己。在简历中用容易吸引他人注意的语言描述自己曾经做过的重要事件或取得的成绩本无可厚非，但要适度，即要符合中道。《尚书·大禹谟》曰"满招损，谦受益，时乃天道"，水装得太满会溢出，话说得太满会让人心生疑窦，不仅有违优秀传统文化谦虚谨慎的美德，而且于现实角度也会遭受损失，形成就业不力。也许有大学生以为话讲得满可以显示自己的优秀和信心，但在用人单位的招聘人员看来，求职者是不是真的如此优秀，简历中所列成就是不是他做的或取得的，有没有夸张或者虚构的成分，他们内心有一定的判断，不会全然接受。即使这些疑问都得到了肯定的回答和合理的解释，但一个不谦逊的人所散发的能量是会让周围人很不舒服的。相反，一个谦逊的人则会时刻保持从周围的人和事中努力学习的心态和行为，在学习中不断探索事物和自己并且给周围的人和事以积极的回应，其所散发的正能量无疑是有益于自己和周围的。不过谦逊同样不宜过度，因为过度的谦逊掩饰了内在的自卑，是一种妄自菲薄的表现。一名自卑和妄自菲薄的大学生同样很难获得用人单位的青睐，因为他给团队带来的往往是负能量，会破坏团队的工作氛围和降低工作效率。所以简历的描述需要在满和谦之间采取恰好的度，取得二者之间有利于大学生的平衡，把一名不失真实且富有激情和谦逊有度的大学生呈现到用人单位面前，以激发起用人单位的关注和青睐，为最大程度地实现就业铺好路、架好桥。三要讲求权中，因时而中，因对象而中。权中是一项贯穿毕业求职过程的重要原则，不但就业市场是随着时间的流动不断发展变化的，而且不同的用人单位对大学生要求的侧重点也是有差异的，因此简历不能一成不变的，而是需要权中。"执中无权，犹执一也"，就是说时间流动了，简历需要作出改进以跟上流动。比如近年来人工智能技术的发展日新月异，广泛渗透到工作和社会生活的方方面面，大学生无论就读的是什么专业，将从事的职业都绕不开人工智能的影响，因而在简历中可以适当说明本人对人工智能技术发展的认知和使用的感悟，这对希望进入高科技行业或政府相关机构就业的大学生的作用尤为明显，因为这些行业要大量使用人工智能，受到的影响至深，而政府机构需要以经济、法律乃至行政手段助推和引领人工智能的发展，离不开对此有深刻认识人员的参与。从这一角度讲，任何过往的简历都只有参考意义，它们针对的是当时的时空，时间流动了仍然使用无异于刻舟求剑。此外，就业是市场导向自主择业，是双向选择的过程，一名大学生会面对多家用人单位的选择，同时也会在多家用人单位中作出选择，使用同一份简历是不够妥当的，尤其是以线上招聘为主的现在。大学生更应该事先对意向用人单位进行一定的了解并清楚拟求职岗位的要求尤其是有无特殊要求，从而在简历中予以明确的说明，这就是因对象而中，既是个人素质的体现，也是对用人单位的必要尊重，有助于提高求职的成功率。

求职成功与否的另一关键是笔面试的表现。笔试就是要最大限度地发挥自己的知识理论和专业素养；面试相当程度上比笔试更重要，因为面试可以全面考察大学生的个人倾向、经验积累、未来发展、人际交往、问题处理等方面，大部分是笔试无法达到的。面试多以结构化为主，包括结构化访谈、情景模拟、文件筐处理、无领导小组讨论等多种形式，有的还辅以心理测试。如果把简历的投递视为点与面的接触，那么面试就是点与点的碰撞，因而提前做好针对性的准备尤其重要。《中庸》云"凡事豫则立，不豫则废"，事先不做好充分准备是难以在面试中有优秀表现并取得成功的。如果在面试中表现出对用人单位很熟悉往往就会迅速拉近与面试者的距离，从而有效降低面试过程的压力程度，增强面试表现力，往往更容易取得好的结果。具体面试中要始终坚持"执两用中"，一是态度要谦逊，无论对方的年龄如何，职位如何，经验如何，都要以谦逊体现出对对方的尊重，"谦受益"的道理在面试中的作用是立竿见影的，因为相当多的面试是压力面试，谦逊可以有效降低对方的压迫程度。不过

第四章 "执两用中"和传统职业观贯穿大学生就业全过程

谦逊不代表一问三不知,更不代表无原则和讨好,那样只会遭到鄙视,任何一家用人单位都不会录用无底线的员工的。二是言语要客观,对自己的说明也罢,对问题的回答也罢,都应真实客观、中而不偏。既不要吝啬表现自己,特别是在无领导小组讨论之类的面试之中,该表现的和能表现的一定要表现出来,但不可以喧宾夺主,更不可以一言堂,不赞同一定要有理有据、彬彬有礼,体现出大学生应有的素养。也不要过分自我夸耀,尤其不能无中生有,不然即使侥幸一时收获了不错的结果,最终还是会被回旋镖击中,丢失了职场安身立命之本的诚信。所以答复一定要掌握好合适的度,中而不偏意味着既不贬低也不抬高自己,而是坚守诚信之道,以诚信统摄面试中的全部言行举止。三是行为要恰当,既不要过度热情,也不要过于拘谨。面试在绝大多数情况下是大学生和用人单位首次面对面接触,双方并不熟悉,遵守必要的社交礼仪对大学生来说是必须的,当然对用人单位也是如此,管中窥豹,一叶知秋,社交礼仪的遵守显示了大学生的修养,体现了用人单位的企业文化,在一定程度上反映了双方的匹配程度。大学生如果表现得过于热情甚至兴奋容易被理解成轻浮,自来熟和人来疯是不为绝大多数用人单位所接受的。当然也不能太过拘束,大学生在首次面对面中有些拘谨是十分正常的,但超过了一定的度就会被认为是性格过于敏感,而过于敏感往往会严重削弱与工作伙伴的情感纽带和契合程度,轻则降低工作效率,重则阻碍目标达成,同样为多数用人单位不能接受。所以在了解这两端的利害后采取合乎中间恰当的度的行为表现是必须的和现实的。四是决定要符合中道,这不仅是大学生在面试中需要遵循的,而且是在整个毕业求职中必须秉持的。高等学校就业工作的目标是大学生获得了人职匹配的职业和岗位。人职匹配意味着既不迁就大学生,也不迁就用人单位,而是在二者之间寻得恰好的吻合从而形成可以最佳程度发挥双方功能的组合体。因此大学生理想的就业单位并不是所谓公认的好的单位,而是最适合自己且自己恰好最适合对方的单位，只有这样的单位才是发挥才干的最合适舞台，无论就业还是创业，就像乐手和乐队一样，二者都可以不是最优秀的，但彼此适合对方并且形成的组合体能够呈现最美妙的音乐才是最重要的，这实际上就是符合中道的表现。基于同样的道理，大学生在面试乃至整个求职过程中关于用人单位的选择应当是符合中道的，不追求最好的而是追求最合适的，反之用人单位哪怕再好，只要与自己不相匹配，那么这种好就是他人的，与自己没有多大关系。高等学校就业工作的主要内容之一就是引导大学生树立这样的就业观念：合适的就是最好的，并且付诸实施。

三、把传统职业观切实落实在毕业求职中

毕业求职标志着大学生由学生身份向职场人的转变，不仅是从一个场域来到另一个场域，而且是从一个生态圈进入另一个生态圈。在校园里，大学生的角色定位相对简单，主要面对和处理的是与学业有关的问题，师生和同学之间没有本质的利害冲突，竞争性比较弱，更多的是相互合作；职场则是别样的生态，一个人也许不是领导，但肯定有着下属与同事、老人与新手等不同的角色，所面临和需处理的除了业务问题外还有复杂的人际关系，并且后者往往更能够决定一个人在职场究竟可以走多远。因此"执两用中""择乎中庸"是职场生存和发展的明智之举，尤其作为刚刚进入职场的新人，大学生如果灵活运用执两而后择乎中的方法，不仅可以避免过早表态可能带来的尴尬，而且可以相对顺利地构建与同事间的良好协作关系，从而使自己处于比较有利的地位。职场非常注重选择和妥协的艺术从另一个侧面很好地诠释了这一点。优秀传统文化的智慧于职场中始终是活的法宝，"执两用中"方法论是如此，传统职业观亦是如此，因此在毕业求职过程中切实落实传统职业观是非常必要的，延续始

第四章 "执两用中"和传统职业观贯穿大学生就业全过程

业教育和就业指导中对传统职业观的重视与融合应成为毕业求职阶段就业工作的重要内容。

大学生就业追求的是人职匹配的职业，选择的是自我与用人主体双向适合的单位，无论就业还是创业，适合是最重要和最好的，而非普遍认为的"好"单位和待遇高的单位。从本质上讲，这与传统职业观中职业无孰高孰低之分是一致的，而且在现实中也必须以职业平等的观念为前提。反之，如果事前已经认定职业是分等级的，在择业时必然会倾向选择那些自认为好的、高的职业，由于社会化的原因，大学生对许多问题的看法是不够成熟的，更容易受到外在环境的影响，在把物质财富的多寡异化为评价成功与否的主要标准的当下，一窝蜂地追求高报酬的职业就不足为奇了，人职匹配、双向适合反而被抛到了次要位置。因此在毕业求职中落实传统职业观就十分关键了，引导大学生着眼长远择业也是增强就业工作成效的重要方式方法。实习是大学生毕业求职阶段的重要环节，在实习中的表现反映了大学生对职业的观念与态度，如果对实习敷衍了事，很难指望在真正的职场上会取得他人的认可和顺利的发展。实习不是儿戏，是走入职场前的总彩排，大学生从实习开始就需要认真践行敬业、乐业、诚业等传统职业伦理。只有真正把对职业的敬重与爱、对职业边界的尊重与尽分守职、对职业规律的遵循与以之为乐以及慎独、谦逊与不断自省落实到包括实习在内的职业活动中，才能完全地实现与职业的有效融合并产生积极的化学反应，从而让职业生涯规划一步步走进现实并获得职业的持续发展。换言之，如果在毕业求职阶段就把优秀的传统职业伦理让位于急功近利、投机取巧，也许可以得到一定的眼前利益，但长此以往必然会因为利益分配等原因引起与他人的矛盾和冲突，最终反噬自己，得不偿失。职业伦理既是职场行为背后必须坚守的基本原则，也反映了一个人的修为，而修为常常是职场问题处理的压舱石，因此践行传统职业伦理不仅是大学生职业生涯取得预期发展的可靠保证，而且是展现综合修为的有效路径。在传统职业理论中，慎独对大学生职业生涯的成功尤其重要。虽然职场强调团队合作，许多工作的进展都是团队努力的结果，但团队合作并不意味着没有单独处理的事项，合作是建立在分工基础上的，分工就表示有相当多的任务需要单独完成。"君子慎其独也"，在没有人监督地独立工作时也需要自觉遵守各项规章制度，兢兢业业，恪尽职守，做到人前人后一个样。慎独离不开自省，反思工作中的得失并持续加以改进，从而可以更好地完成工作。慎独和自省是相辅相成的，慎独之人更倾向于深刻地自我反省，发现自己哪些地方做得还不够，反过来自省之人也更能够慎独，因为自省原本就是在独立环境中进行的。大学生职业生涯发展顺利的另一重要因素是信守承诺，《史记·季布栾布列传》曰"得黄金百斤，不如得季布一诺"，一诺千金不仅是传统职业观和职业伦理之诚信的重要内容，而且是立足职场的基石。一个人如果连作出的承诺都不能履行，凭什么取得别人的信任，得到别人的协助？孤家寡人则职业发展顺利的可能性微乎其微。总之，大学生无论是发自内心地自觉，还是源自就业指导的影响，都需要把对传统职业观及相应职业伦理的践行落实到就业或创业之中，并以之争取职业生涯的顺利发展和实现预期。

第五章

新时代大学生就业更要坚持"执两用中"方法论

优秀传统文化赋能大学生就业——传统职业观与"执两用中"方法论

2017年12月,习近平总书记在接见回国参加驻外使节工作会议的使节时指出:"中国特色社会主义进入了新时代。……放眼世界,我们面对的是百年未有之大变局。"新时代标志着我国经济社会发展从追求快向关注好转变,全面深化改革,满足人民群众对日益增长的美好生活的需求,为人的全面发展创造条件,建设富强、民主、文明、和谐、美丽的社会主义现代化强国,实现中华民族伟大复兴和中国式现代化。百年未有之大变局是新时代最重要的国际背景和环境,其主要表现为国际格局的重大调整和大国关系的重大变化。国际关系更加复杂,国际形势更加混乱,国际挑战更加严峻,国际机遇更加多元,一言以蔽之,全球治理体系和国际秩序变革加速推进,旧的正逐步瓦解,新的尚未最终建立,多样性的现代化和全球化道路正在探索中。正如习近平总书记在博鳌亚洲论坛2021年年会开幕式上的视频主旨演讲中所强调的:"当前,百年变局和世纪疫情交织叠加,世界进入动荡变革期。"在高度复杂和不确定的时代背景下建设中国特色社会主义需要前所未有的大智慧、大魄力,同时也对大学生就业提出了新的挑战和要求。中庸思想形成的春秋战国正是礼崩乐坏、战乱纷飞的高度不稳定和不确定的时代,赋予了"执两用中"方法论在复杂和不确定性背景下的有用性,新时代的大学生就业比任何时期更需要坚持"执两用中"方法论。

第五章　新时代大学生就业更要坚持"执两用中"方法论

第一节　高度复杂和不确定的时代特征

高度复杂和不确定是百年未有之大变局最显著的时代特征，不可预见性的概率和波及面比任何时候都要大要广。从生成机理看，大变局是西方资本主义强推其现代化模式的必然结果，因为他们不但把大量低技术门槛、低附加值和高污染的产业转移至发展中国家，带来严重的资源、环境与生态破坏，而且要求不同文化传统、历史遭遇和现实国情的国家都采用西方的发展模式，严重冲击了这些国家的社会结构、传统文化和公共利益，引发了强烈的不满与愤怒。以中国为代表的发展中国家的迅速崛起构成了大变局的重要推动力量，而以美国为首的西方国家为维护既得利益和不平等格局的极限打压和脱钩让国际局势变得异常复杂，其中曾让西方引以为傲的资本逻辑推动的社会加速最终反噬到自己，并造成了大变局中高度复杂和不确定的风险社会，影响了身在其中的人们的意识与行为。

一、社会加速与高度复杂和不确定的风险社会

风险是与人类社会相伴相生的，人类正是在不断发现风险、认识风险和处理风险的过程中实现进化的。在漫长的历史长河中，人类对未来的认知都是以可预见性占主导的，风险常在但未成为社会的本质特征，然而进入21世纪，各类风险事件接连不断，从自然灾害到生态危机，从粮食短缺到疫情流行，从经济危机到战争冲突，从社会极化到逆全球化，复杂性和不确定性越来越强，整个社会成为一个以风险为本质特征的社会。

人类社会发展史是一部不断加速的历史，生产力的加速发展实现了社会形

态由低级到高级的更替。若人类一直停留在刀耕火种、男耕女织的阶段，没有了一次又一次的科技和产业革命，如何能够达到如今全球一体化、生活便利化的水平？不可否认，始于英法的启蒙运动和资产阶级革命的胜利，使启蒙思想家有关社会重构的设想得以落地，科学和资本获得彻底解放，资本以征服方式"解放"了其所能触及的每个领域，"使未开化和半开化的国家从属于文明的国家，使农民的民族从属于资产阶级的民族，使东方从属于西方"❶，"资产阶级在它的不到一百年的阶级统治中所创造的生产力，比过去一切世代创造的全部生产力还要多、还要大。"❷生产力越发展，催促社会加速的动力越明显，加速化成为西方工业社会的标志之一。然而资本在摆脱自身枷锁的同时却在征服进程中给自然和社会套上了新的枷锁，对自然和社会毫无节制地索取使生态系统和社会结构的平衡遭到破坏，所释放的风险不断累积在社会运行中无法消弭。"越来越多的破坏力被释放出来，即便人类的想象力也为之不知所措。"❸社会加速不断压缩着时间，让"将来从未像今天这样离我们如此之近，而且是以自己生产的风险的形体。"❹这种时间的压缩，意味着当下对未来的掠夺。如果说过去百年工业化和资本扩张在创造巨大财富的同时把危险留给了现在并使21世纪成为一个风险社会，那么不化解就是把现在的风险及与之相伴的高度复杂性和不确定性留给了未来，并且越陷越深无法自拔。因此社会加速虽有其历史上的积极意义，但因资本建立在持续且最大限度地攫取剩余价值逻辑上所致的不断加速则越来越走向反面，除了少数人可以渔利丰厚外，绝大多数人被抛入了无尽的风险中。

---

❶ 《马列主义经典著作选编（党员干部读本）》，党建读物出版社2011年版，第25页。

❷ 同上，第24页。

❸ 乌尔里希·贝克：《风险社会》，译林出版社2004年版，第17页。

❹ 吕迪格尔·萨弗兰斯基：《时间：它对我们做什么和我们用它做什么》，卫茂平译，社会科学文献出版社2018年版，第121页。

第五章　新时代大学生就业更要坚持"执两用中"方法论

德国哲学家哈特穆特·罗萨对社会加速予以了系统批判。他以现代时间结构为逻辑起点，把加速定义为"时间单位内的数量增加，或者也可以在逻辑上被同等含义地定义为相对每份确定的数量所需的时间量的减少。"❶根据这一定义，罗萨把复杂的社会加速抽象概括为三个重要面向：科技加速、社会变迁加速和生活节奏加速。其中，科技加速是社会加速最明显和最具影响力的形式，也是大变局的重要内生原因；社会变迁加速表明用以指导行为的经验和期待的失效速率不断加快，"现在"这一时间区间日益萎缩；生活节奏加速表现为行为和体验事件的稠密化，人们对时间的匮乏感增强，不得不加快自己的生活节奏。社会加速造成了时间和空间的相互压缩，正如罗萨所指出的："变迁的速率改变了，使得态度与价值，时尚和生活风格，社会关系与义务，团体、阶级、环境、社会语汇、时间与惯习的形式，都在以持续增加的速率发生改变"❷，加速逻辑已经压倒性地宰制了现代社会并使之成为加速社会。由于不同加速模式间的张力造成无法有效实现加速同步化，使得从自然到身心、从经济到文化等领域呈现出诸多病症。如科技加速发展理论上应当为人的生活提供更多的自由时间，事实恰恰相反，人总是被时间管制催促，异化成时间支配的客体。其中最本质的原因是资本逻辑，因为现在的经济系统本质上是一种受资本加速逻辑支配的时间经济，资本天然要求增值，最大限度地获取利润并变现，于是两项要求被必然提出：一是效率，使利润最大化；二是消费，使利润变现。囿于人的生理机能和法律的限制，资本只有通过加速以缩短必要劳动时间和加快资本周转以赢得时间优势来攫取超额剩余价值。伴随新技术的普遍应用，超额剩余

---

❶ 哈特穆特·罗萨：《加速：现代社会中时间结构的改变》，董璐译，北京大学出版社2015年版，第79页。
❷ 哈特穆特·罗萨：《新异化的诞生：社会加速批判理论大纲》，郑作彧译，上海人民出版社2018年版，第16页。

价值消失，资本本能要求继续加速，周期不断压缩，资本增值和时间优势在本质上取得了一致。当然，科技加速的确创造了众多的科技产品，一方面丰富和便捷了人们的生活，使得社会功能分化变迁加速，另一方面人们也需要通过加速生活节奏以便更多地享受科技产品提供的选项，实现美好生活。于是以持续提升为唯一目标的螺旋日益加剧，网络成为不是必需的必需品，公共领域和私人空间的边界不再清晰，工作时间和自由时间混同，自由时间在悄无声息地渐变为隐性工作时间，生命在资本逻辑的作用下不断加速，无处不在的风险不断累积，风险社会特征越发明显，复杂性和不确定性持续增加。"增长、加速和创新，不再像是一种承诺，说要让我们的生活越来越好；而更像是一种末日启示录一般、幽闭恐惧症一般的恫吓，威胁我们：如果我们没有变得更好、更快、更有创造力、更有效率"[1]，就会失去已经得到的一切。人们感到自己正站在滑动的斜坡上，为了防止跌落坡底不得不采取自我加压来提升自己的竞争力，从而跟上社会加速的步伐。社会加速则像资本逻辑驱动的高速旋转的陀螺，不仅实现了自洽，而且迫使人们不断通过自我竞争来承担风险和实现价值。

二、我国社会加速和风险社会的特点

罗萨的社会加速和动态稳定理论是建立在对西方社会的批判基础上的，与我国的实际情况还有不相吻合之处。1978年的十一届三中全会作出了把党和国家工作重心转移到经济建设上、实行改革开放的历史性决策。从此，中国经济社会发展步入了快车道。随着社会主义市场经济体制的建立，社会加速发展更

---

[1] 哈特穆特·罗萨：《不受掌控》，郑作彧、马欣译，上海人民出版社2022年版，第21页。

第五章 新时代大学生就业更要坚持"执两用中"方法论

加明显。如今,面对着百年未有之大变局,社会加速与高度复杂和不确定的风险社会共振。

第一,我国的社会加速和风险社会是在社会主义公有制经济占主体地位下的加速和风险,从而形成了与西方社会加速和风险社会最本质的区别。西方的社会加速和风险社会既是资本无节制扩张和攫取剩余价值的结果,反过来又为资本实现增值服务,在这一过程中资本无视风险的滋生与复杂性和不确定性的增加并将之抛给未来和全人类,直至反噬时才不情愿地采取一些根本无法在本质上解决问题的所谓措施。换言之,西方社会加速和风险社会产生的最根本原因是资本主义私有制,只要该私有制控制美西方经济社会一日,社会加速和风险社会就会存在一日,而且无法缓解。如果要彻底解决西方的社会加速和风险社会问题,唯一的办法就是推翻资本主义制度,建立以最广大人民群众利益为根本出发点的新型社会制度。我国的社会加速虽然有复杂性和不确定性增加的惯性并带来了一定的社会风险,但占主体地位的社会主义公有制可以自觉和最大限度地约束资本逻辑,中国共产党的领导可以在引领经济社会发展之初就充分预见、预防和控制风险,从而保证了社会加速发展符合人民群众的根本利益,满足人民日益增长的对美好生活的需求。人民性是社会主义市场经济的关键特征,也是与资本主义市场经济的重要区别。以人民利益为出发点和落脚点的逻辑必然不同于以资本增殖为目的的逻辑,就像面对新冠疫情,我国断然实行全民抗疫,即使对经济有所影响也毫不动摇,就是出于老百姓的生命至上,人民群众的利益至上,反观西方,全民免疫把资本逻辑表现得淋漓尽致,在他们看来,一切都是生意,老百姓的生命远没有利益来得重要。鲜明对比充分表明只有社会主义公有制的主体地位和与时俱进、因时而中的马克思主义政党的领导才能从根本上把握社会加速的方向并及时纠偏,预防伴生的自然和社会风险,控制复杂性和不确定性的程度,并充分利用大变局的有利时机实现既定的战略目标，为人的全面自由发展开创条件和提供保障。

　　第二，我国的社会加速和风险社会是与社会转型叠加的。我国是在贫穷落后的基础上开始经济社会转型和加速发展的，1978年是改革开放元年，当年农村贫困人口规模高达7.7亿，贫困发生率97.5%，因此党中央确定的社会主义初级阶段经济社会发展的"三步走"战略的第一步就是脱贫，解决人民的温饱问题即满足人民衣食住行的基本需求，然后才是第二步的实现小康生活和第三步的基本实现现代化，并在该战略的引领下于2020年全面建成小康社会。与西方不同，我国是在脱贫进程中同步社会加速和风险累积的，解决贫困问题始终是改革开放后的核心任务之一。改革开放前，我国仍有着明显的农业社会特点，1978年第一产业占国民经济28%的比重，就业人员超过总人口的70%。在向工业化社会快速转型的过程中，外资包括港澳台资本大量进入我国，带来了新技术和新产品，在丰富人们生活的同时也猛烈冲击着原有社会结构并打破其中的均衡。随着社会主义市场经济体制的建立和发展，非公有制经济在国民经济中的占比增加，城市化迅速发展，人口向大中城市聚集，城乡二元结构逐渐消解，差序化格局进一步弱化。互联网的日益普及使得西方文化可以更加便捷和快速地进入我国，东西方文化撞击下人们的世界观、人生观、价值观日渐多元化，社会评价标准向功利化偏转，社会复杂性和不确定性随之增加，新的社会格局尚在分化组合中。21世纪以来，随着成功加入WTO，我国与国际化的融合持续深化，社会加速发展更加明显。2010年起，中国超越日本，成为世界第二大经济体，全社会物质产品极大丰富，人们的生活水平显著提高，但国际环境的大变局进一步增加了转型过程的复杂性和不确定性，并且与物质文明和精神文明发展的不同步交织，导致了社会转型的阵痛和由此产生的一系列社会问题。对美好生活的追求不只是物质的，还有精神的、环境的，这就要求增强文化自信，树立和弘扬对优秀传统文化的强大自信，从而逐步解决两个文明的同步问题，在继续发展经济的同时满足人们对精神产品的需

第五章 新时代大学生就业更要坚持"执两用中"方法论

求,助力社会成功转型。

第三,我国的社会加速和风险社会是与个人自我意识不断增强相伴的。中国人的自我构念有着明显的集体主义倾向,国家和社会利益被置于个人之上,浓厚的家国情怀让"有国才有家"的理念深入普罗大众。儒家思想历来主张"毋意,毋必,毋固,毋我",把认识论的"无意"和价值观的"无我"联结起来,超越了实在的个体性自我,实现了向以德性为指针的纯粹的道德自我的转化。随着朱熹把"我"训为"私己",个体性自我的价值被否定,道德自我得到空前强化。庄子虽以个体性自我为前提对自我的现实存在性展开批判,并通过"吾丧我"实现了自我异化,但这种思想始终未成为中国传统思想文化的主流。20世纪初的思想启蒙,无论自由主义还是激进主义,都视唤醒自我为批判现实和实现社会变革的动力之一,在一定程度上带来了人们自我意识的觉醒。经济社会的高速发展,文化教育事业的进步,全社会对多元文化的包容,特别是以互联网为代表的高科技的发展与普及,不仅拓展了个体独立性和独特性成长的舞台,而且让以年轻人为代表的个人自我意识空前高涨。人的个性得以自由发展并形成对自我较为完备的认知,并与优秀传统文化有机融合,如近年来汉服在年轻人中的流行,既反映了他们独特的自我和社会认知,也彰显了硬核的文化自信。

第四,资本逻辑的约束机制尚待健全。我国是在要素尤其是资本和技术要素短缺的情势下开启改革开放和社会加速发展的,资本从一开始就被赋予了广阔的空间和美好的期望。40多年来,资本的确发挥了解放和促进生产力发展的"第一推动力"作用,但随着资本的规模越来越大,范围越来越广,资本逻辑也越来越嵌套入经济社会生活。近年来,借助算法、算力等科技手段,资本逻辑与金融、传媒等深度交互,加之西方资本的渗透,形成了对国家经济文化主权一定程度的僭越风险。过度宣扬竞争文化和绩效至上,"30岁现象""35岁现象""非升即走现象"普遍，放大了年轻人的就业压力和失望情绪，"996""白加黑"更是直接把人物化。住房商品化、土地财政和资本逻辑耦合造成的房地产金融化和房价居高不下，以及把住房异化为自我价值实现的标志，直接降低了年轻人的期望和意义感，造成了一定的人口再生产问题。金融资产在家庭财富中的占比不断增加，社会财富分配机制的改变令劳动表现对财富积累的作用日渐弱化，资本市场的"爆雷"事件和突破常人认知下限的操作表明财富向社会一端聚集而风险和不确定性向社会另一端靠拢的趋势正被强化。此外，占经济主体地位的社会主义公有制对资本逻辑的天然拮抗作用尚未得到充分发挥，约束资本逻辑的法律和司法体系的健全尚需时日。可喜的是党和国家已经充分意识到问题的严峻性并正采取对症下药的措施化解之。

三、高度复杂和不确定时代对认知和行为的要求

与人类历史上任何一次大变局一样，百年未有之大变局的进展必定是复杂和曲折的。西方特别是美国不会轻易承认其发展模式的衰败并认可世界的多极化和发展道路的多样性，其间充满的斗争和反复令风险社会持续。面对前所未有的风险累积的高度复杂性和不确定性，人们的认知和行为模式需要作出相应的调整以更好地反映时代特征和适应时代要求。

确定性偏好是人与生俱来的，因为"人生活在危险的世界之中，便不得不寻求安全"[1]，总希望在突发事件降临之前就能够采取某些主动性行动，包括把未来拉入当下的主动，而不是被动地等待。人们相信主动性是减少突发事件损

---

[1] 约翰·杜威：《确定性的寻求：关于知行关系的研究》，傅统先译，上海人民出版社2005年版，第1页。

第五章 新时代大学生就业更要坚持"执两用中"方法论

害的可靠保障。如果说过去时代的变化是平缓的,人们可以通过科学预测针对未来风险预先行动,那么在高度复杂和不确定的时代事物的发展变化甚至事物本身都可能是稍纵即逝的,对未来的准确预测十分困难,在低复杂和确定背景下行之有效的举措如科学认知和组织化随之变得不再适用,因而需要实现功能上的转化,即由征服风险和战胜危险转向在风险和危险中寻求生机,在风险和危险来临之际有效处置,以即时行动而非预先行动面对风险和危险。科学技术的确在降低和化解不确定性方面发挥过重要作用,如概率论把众多不确定性问题转化为客观准确的概率,大数据科学与技术可以让人们在海量信息中快速准确捕捉靶向。然而在高度复杂和不确定的时代,再沿用对复杂性进行化简和把不确定性转化为确定性的办法是不合时宜的,人们的思维需要作出针对性的改变,并相应地改变生产生活和交往方式,如果依然固守原有的思想思路和方式方法,就很容易陷入风险和危险频发的境地。面对大变局的时代环境,人们可以明确发展的整体方向与格局,但谁也无法预料第二天会发生什么。在低复杂和确定的时代,人们凭借过往的知识储备就可以有效应对和征服风险,但在高度复杂和不确定的时代,无论知识储备多么丰富,都不可能与实际境遇有着实质一致性,就像建造一幢现代化的摩天大楼,过往的知识只是行动中的一种材料,并不能决定大楼的性质与功能。因此创新就显得比任何时候都必要和重要,而已有的知识也只有在创新性的行动中得到应用并发挥作用才能重塑价值,也就是说只有经过行动检验的知识才是活的、有价值的知识,否则就是死的、无价值的知识。

在高度复杂和不确定的时代,人们可以在风险降临时认识风险,却不能掌控风险,因为但凡可以掌控的风险就不再是风险了。风险的这种不受掌控性本质上决定了对其难以计量和进行工具性理性分析,正如卢曼所指出的,"当风险研究一如既往地、即使只是部分地关注风险的理性计算时,现实早已展现出其他特征。风险自身已变成自反的,因而也变成普遍的。"[1]此外时间的迅速流动也不容许进行理性计算,因为在高度复杂和不确定的时代所有社会要素的高速流动意味着全部需要纳入理性计算的变量不可能都静静地等待计算,何况其中的某些变量本身就是难以掌握的,传统的计量方法根本无法实施,与其在计量上大费周章,还不如把注意力集中在行动上以有效处置风险。因为无法计量,所以风险是不能被科学预测的,也就是事物变化的不确定性是无法预知的,因果关系的解扣使得以过去和现在准确预测未来几乎不可能,但无法科学预测不意味着人们就束手无策,中国优秀传统文化蕴含的认知方法为之提供了可能。就像中医强调整体观和辨证论治一样,中国人认为对事物的认知应从整体上把握,在整体和部分的辩证关系中明晰其内在规律和发展变化,而不是相反地把整体肢解为若干部分,经由对每一部分的认知后再把握事物,即不是原子式认知。这一认知方法在面对风险时可以借助相似性思维对风险的变化趋势作出合理的推测。当然推测不是预测,因为其不是基于分析的,也不是逻辑的,而是建立在经验理性上的直觉判断。经验理性来自行动,所以在行动中识别风险是高度复杂和不确定的时代非常必要的,因为在行动外识别必然要对风险进行科学分析、作出预测并指挥行动,而这在理论上要求实际境遇与头脑中的表征存在实质一致性,但在事实上是不可行的。在行动中识别风险不强调一致性,只要求上述二者之间有着一定的相似性,即使表征是模糊的或转瞬即逝的亦可,并且有相似就可以经由想象建立起关联并落实到行动中,由是想象与行动合一了,想象成为行动的一部分,从而既摆脱了逻辑的束缚,又为创新提供了无限可能。序时性是构建因果关系的基础,而时间的失序和事物之间联系的复杂性是社会加速和风险社会的突出表现,由此因果关系的构建变得异常困难,即使

---

[1] 尼克拉斯·卢曼:《风险社会学》,孙一洲译,广西人民出版社2020年版,第8页。

少量存在也难以辨析，而普遍的去组织化或组织系统开放性的增强又使把握几无可能。关联则是"保持在自己面前，作为自己的指引活动于其中的东西。领会让自己在这些关联本身之中得到指引，并让自己由这些关联本身加以指引"❶。因此基于关联展开行动不仅是现实的和积极的，而且是高度复杂性和不确定性时代对认知和行为要求的体现，偏离关联的行动是不符合时代的，常常是无效的。

第二节 在大变局时代的大学生就业中坚持"执两用中"

我国在百年未有之大变局中迎来了中国特色社会主义和中国式现代化的新时代，不仅意味着改革开放由注重量的积累向注重质的提升转变，提质降速成为新常态，而且经济社会的发展面临着又一个高度复杂和不确定的时代周期，所有事项包括大学生就业都必须置于这样的时代背景下认识和处理，脱离时代背景的问题处理不仅是不现实的，而且是无法取得实效的。

一、百年未有之大变局时代运用"执两用中"方法论的必然性

回顾中国历史，大变局始终是举足轻重的环节。从商周之变中的"中国"诞生和影响至今的传统天下观、道德观、礼乐文化与社会伦理的形成，到周秦之变中的烽火连年、百家争鸣和千年帝制的确定以及中央集权和大一统国家的建立，

---

❶ 马丁·海德格尔：《存在与时间》，陈嘉映等译，三联书店2014年版，第102页。

再到鸦片战争后晚清之际向现代社会转型的开启，及至五四运动以来国家命运的大转折和无产阶级革命的胜利与新中国的成立，再到改革开放后经济社会的日新月异，大变局推动着国家、民族和中华文明走向成熟与辉煌。

"执两用中"形成的春秋战国时期正是一次影响中国数千年历史进程的大变局时代，礼崩乐坏、战火纷飞是当时社会最真实的写照。一方面由于生产力的发展特别是铁制工具的普及，私垦荒地的自耕农和新兴地主阶级兴起，土地和人口对促进经济社会发展的作用越发重要，"其富者必其贵者"的格局正在发生深刻变革；另一方面没落的贵族阶级不甘心退出历史舞台，弑君政变在各诸侯国轮番上演，整个社会处于极度动荡之中，朝不保夕是老百姓日常的面对，风险堆积并不时袭扰，丢家失国、妻离子散，上不能尽孝，下难以育幼。前所未有的社会变迁以及复杂性和不确定性笼罩着大地，富国强兵抑或富民强国成为执政者和知识分子亟待思考和处理的命题。以孔子和孟子为代表的儒家从"仁"的角度出发提出了中庸思想，视其为最高的道德标准和实践智慧，"中庸之为德也，其至矣乎！民鲜久矣。"并在此基础上提出了"执两用中"的方法。"执两用中"不仅作为大变局时代为人处世、待人接物的基本准则贯穿于儒家弟子的教学、为官、经商等职业历程中，而且是复杂和不确定条件下执政者实行仁政以实现国强民富的关键道路，"为政以德，譬如北辰，居其所而众星共之"（《论语·为政》），"近者说，远者来"（《论语·子路》）。正因为春秋战国时期周王室式微，社会动荡且控制力下降，诸子百家才得以提出各自针对时政和发展的学术和政策主张，儒家也正是在博采多家之长的基础上并融合自己的观察思考才总结出了"执两用中"的方法论。鉴于其形成于诸多风险叠加的天下纷争时期，"执两用中"从本质上被赋予了在大变局时代的适用性，因为无论国际环境的复杂性与多变性，还是国内深化改革的迫切性和艰巨性，二者都有着相当程度的相似性，都需要在阡陌纵横中寻得经济社会的合宜发展之路并坚

第五章 新时代大学生就业更要坚持"执两用中"方法论

持下去。

一如中国哲学是实践哲学,"执两用中"方法论自诞生之初就不是逻辑分析的结果,而是经验理性的总结,也就是说"执两用中"并不是基于一定的理论假设,然后遵循严格的逻辑推理得出的,而是在对前人正反得失分析基础上总结出的。孔子在谈到中庸起源时说:"舜其大知也与。舜好问而好察迩言,隐恶而扬善。执其两端,用其中于民,其斯以为舜乎。"为什么要"执两用中"?因为舜为政成功原因在于"执两用中"。作为儒家尊崇的三圣王之一,《史记·五帝本纪》讲"舜耕历山,历山之人皆让畔;渔雷泽,雷泽上人皆让居;陶河滨,河滨器皆不苦窳。一年而所居成聚,二年成邑,三年成都。""舜乃至于文祖,谋于四岳,辟四门,明通四方耳目,命十二牧论帝德,行厚德,远佞人,则蛮夷率服","四海之内咸戴帝舜之功","天下明德皆自虞帝始"。孔子视舜为大智慧的圣贤和道德的楷模,"巍巍乎,舜禹之有天下也而不与焉"(《论语·泰伯》),舜被世代赞颂除了他的智慧和修养,更由于他待人接物和处理政事的方式方法:"执其两端,用其中于民"。把圣贤"执两用中"的做法推而广之,让天下人皆照此行动,最终就可以实现中而和的大同社会,实则上是在遵循一种相似性思维,即先在头脑中形成关于圣贤做法的表征,在实际境遇与表征相似时激发相应的表征并依圣贤做法而为之。圣贤之所以为圣贤,重要原因之一就在于其做法的开创性。换言之,圣贤面对的事项很多都有着较强的不确定性,他们需要创设认识和处理问题的方法并构建积极的价值标准,因而其做法都蕴含着一定的可奉为标杆的价值理性,"执两用中"也不例外。"杨子取为我,拔一毛而利天下,不为也。墨子兼爱,摩顶放踵利天下,为之。子莫执中,执中为近之",在孟子看来,无论是杨朱的极端利己主义还是墨翟的极端利他主义都是执一端,都不可取。作出这一判断的依据同样不是基于逻辑分析,而是"执两用中"所体现的价值理性即"致中和,天地位焉,万物育焉"的大同理想和经验理性即舜禹等圣贤做法的经验总结。极端利己主义者把自己凌驾于他人之上，显然破坏了"致中和"的价值理性；极端利他主义者貌似牺牲自己成就他人，然而如此一方面放弃了对他人的辨识，并非每一位他人都是值得为之牺牲的，另一方面人人都牺牲了自己追求"致中和"的意义又何在？圣贤的做法是率先垂范、引导教化而非牺牲自己。正因为"执两用中"是经验理性和价值理性的产物，并且体现了相似性思维，而这些正是高度复杂和不确定时代的认知和行为所必需的，从而决定了在百年未有之大变局中运用的必然性。

"执两用中"方法论的又一特点是从整体上认识和把握事物，而不是把事物予以分解、抽象与简化。从孔子对舜"好问而好察迩言"的评价中不难看出在面对问题时舜总是方方面面征询意见，认真分析出隐藏的含义，进而在整体上把握事物，处理问题，而不是把问题拆解成若干的小问题并通过对小问题的分析推理来认知和处理问题。孔子也讲自己面对和解决问题的办法是"叩其两端而竭焉"，其中至少包括两方面的含义，一是通过全方位的了解包括向鄙夫请教从整体上清晰问题，二是经由正反两端的辩证分析找到问题的解决之道。这与中国传统文化的精髓是一脉相承的，老子讲"道生一，一生二，二生三，三生万物"，在中国人的认知中，事物总是先有一个整体，再生成若干部分，而不是相反。这种认知方式在中医领域表现得尤其明显，因为中医从来都是把人视为有生命活力的整体，而不是由八大系统和二百多块骨骼构成的生物体，所以总是讲求整体问诊和辨证论治。比如脸上长斑，中医认为并非简单的皮肤问题，而是由肝气郁结、肾阳虚和脾虚湿困等引起的。相同的症状可能由不同的原因造成，比如感冒，中医就将其分为风寒感冒、风热感冒、暑湿感冒等不同证型，需分别采用辛温解表、辛凉解表和清暑祛湿解表等治疗方法；不同的症状也可能由相同的原因导致，例如心律失常和中风两种完全不同的疾病，就都属于血瘀的证型，都要予以活血化瘀医疗。所有这些都与西医头痛医头、脚痛医脚形成了本质区别，并且可以从整体上把握疾病的变化趋势，做好分阶段诊疗。"执两用中"的根本目的是中和，即实现仁，达到大同，然而孔子对颜渊、仲弓和子张问仁的回答大相径庭，不过无论克己复礼还是"己所不欲勿施于人"抑或"恭宽信敏惠"，本质上都在于已经从整体上掌握了"仁，人心也"这一要旨，只是之于不同的人会有不同的要求与表现。"不识庐山真面目，只缘身在此山中"，欲识得庐山的真面目，就必须置身庐山之外，因为身在庐山之中只能够看到眼前的那片山林，也就无法执两，而到了庐山之外才可以执两，从整体上观察庐山，从而用中，即识得庐山真面目。在高度复杂和不确定的大变局时代，体现着优秀传统文化整体观的"执两用中"方法论与相似性思维相互配合、相得益彰，不仅可以更好地应对大变局带来的挑战，而且可以相应地把握和处理遇到的各种问题，从而在风险叠加的时代变局中掌握行动的主动权，迎接其中的积极成果，即实现中国式现代化和中华民族的伟大复兴。

二、新时代大学生就业中坚持"执两用中"方法论

大学生就业作为大学生从校园走向职场的桥梁和纽带，自始至终都与经济社会的发展环境密不可分。高度复杂和不确定的百年未有之大变局与提质降速的深化改革新时代共振，深远影响着社会的各行各业、每个家庭和每个人，大学生就业也不例外。不仅是就业指导，大学生自己对就业的认知和行动也深受影响，大学生需要重新审视以往的认识和做法并构建与大变局时代相匹配的认识和做法。就像从自然宁静的乡村来到繁华热闹的大都市，所有的一切包括生活工作，尤其是与生态系统的关系和人际互动都要作出重大的改变，那种怡然自得甚至有如时间静止的生活和简简单单的人际交往必然被节奏加速的工作生活和边界分明的人际互动所取代。这种改变不取决于个人的意志，而是环境的

变化所要求。唯一可行之路就是拥抱时代、适应变化，面对高度复杂和不确定的风险社会，一如既往地坚持"执两用中"的方法论，以"执两"全面认识和把握变化和趋势，以"用中"实现更切合实际的结果。无论从"执两用中"形成的历史背景，还是其所蕴含的认识和思维方式方法，都显示了其对大变局时代的适用性和运用的必然性。在新时代的大学生就业中若不坚持运用"执两用中"方法论，很可能会因无法认清时代的特点和发展以致陷入迷局，茫然而不知所措，进而影响大学生的就业，降低就业率和人职匹配达成率。所以在大变局时代，大学生在就业中坚持"执两用中"是必然的和现实的。

整体观是优秀传统文化的精华之一，也是"执两用中"方法论的显著特点。在新时代大学生就业中坚持"执两用中"需要落实整体观并执行到位，大学生在择业进程中须主动从整体上认识和把握时代的脉动及其对就业的影响，进而采取最合宜的方式方法促进就业。也就是说，全面认识高度复杂和不确定下的经济社会和国际格局是做好新时代大学生就业的第一步。改革开放已近半个世纪，建设社会主义市场经济体制也有三十余年，经济社会发展来到新的阶段，改革全面进入深水区，原先以追求数量和速度为主的粗放的增长方式已经不适应经济社会的新形势，产业转型升级，经济降速提质成为新阶段发展的新常态，随着信息技术、生物技术、新材料和新能源、空间和海洋技术为代表的高新技术革命的蓬勃发展，科技越来越成为决定国家命运和前途的关键。大国重器一件件横空出世，人们对美好生活的需要正逐步得到满足，灿烂的未来正越来越清晰地呈现在每一位中国人面前。与此同时，西方一直以来对发展中国家和全球南方国家的掠夺让这些国家越来越看清了西方所谓民主、自由、平等的本质。随着以中国为代表的新兴国家的强势崛起所致的世界经济政治版图的此消彼长，发展中国家正通过包括联合国在内的多边和双边组织进行着改变国际旧秩序和建立国际新秩序的激烈斗争，其中尤以金砖国家组织、上海合作组

第五章　新时代大学生就业更要坚持"执两用中"方法论

织和"一带一路"表现突出。全球反对美国霸权和去美元化的趋势越发明显，而西方也借助犹存的优势进行最后的反扑，对我国极限打压。芯片和人工智能领域的斗争完全白热化，西方国家通过拉帮结派、文化渗透、舆论挑拨、经济脱钩和军事挑衅等手段，妄图扼杀我国的发展和伟大复兴的实现。整个世界正处在实现翻天覆地变化前的极其不稳定的大变局阶段，这种不稳定与我国深化改革中已经暴露的粗放式增长中累积的问题如房地产债务等交织在一起，给经济社会发展带来了一定的困难和挑战，并且反映到了大学生的就业上。具体而言就是，由于一时的困难，全社会所能供给的大学生就业职位数量有所减少，而大学毕业生持续增加，就业市场供需矛盾凸显，大学生就业遇到困难，对此无论高等学校还是大学生都要有清醒的认识。不过困难是一时的而不是长久的，为此采取内卷或躺平的对策是不可取的，而是要对困难有全面的认识，在看到大变局中的激烈竞争和粗放增长中的问题暴露相互交织造成困难的同时，更要看到大变局的总体趋势和后发优势在我国的格局，看到党和国家在应对大变局挑战时的战略定力和不懈努力；在看到传统产业和高能耗、低附加值产业面临转型和淘汰的同时，更要看到高科技产业和新兴战略产业的茁壮成长和对传统产业的积极赋能，看到在激烈的竞争和残酷的打压下经济社会的强大韧劲和发展成果以及高科技和战略产业从奋起直追到并驾齐驱再到部分领先的巨大变化；在看到资本兴风作浪和资本逻辑试图更多影响经济社会并导致一定程度的异化和主体性过剩的同时，更要看到党和国家从最广大人民利益出发依法对资本和资本逻辑采取的约束和控制措施，看到人的全面自由发展取得的可喜进步。总之，只有高等学校及其就业指导部门和老师从整体上清楚了当前高度复杂和不确定的大变局时代的全貌并引导大学生明白这一切，才能在由大学生和就业市场共同组成的复合体中全面把握住市场这一端，从而为大学生面对和克服就业困难并实现合宜就业奠定坚实的基础。反之，如果不能从整体上全面认

优秀传统文化赋能大学生就业——传统职业观与"执两用中"方法论

识大变局的面貌,就很容易陷入片面认识的误区,作出诸如延迟或回避就业以及随便就业等不恰当的决定和行动,无论与"执两用中"方法论还是国家和社会对大学生的期望都是背道而驰的。

在高度复杂和不确定的大变局时代背景下的大学生就业中坚持"执两用中"方法论,就要认真贯彻其中反映的价值理性和蕴含的相似性思维,这对于大学生在风险弥散情势下可以顺利实现人生目标与价值弥足珍贵。价值理性和工具理性共同组成了理性统一体,价值理性"决定于对某种包含在特定行为方式中的无条件的内在价值的自觉信仰,无论该价值是伦理的、美学的、宗教的还是其他的什么东西,只追求这种行为本身,而不管其成功与否"[1],因而强调了行为本身的价值属性;工具理性则是以可计算和可预期为标识的,强调行为对实现目标的工具性及其效用。对工具理性的迷信和对价值理性的忽略,不仅导致了理性的撕裂,而且是造成大变局时代风险累积和整个社会呈现高度复杂性和不确定性的重要原因,并形成了无所不在的绩效主义和数字至上,"越快越好""越高越好"成为衡量价值实现和成功与否的唯一尺度,手段异化成了目的,部分青年包括部分大学生在主体性过剩的迷局中被物化了,一方面以自觉或不自觉的方式加入了越来越激烈的"卷"的大军中,另一方面又充满了焦虑和迷茫,在负性情绪的作用下更容易作出同质化的选择,从而陷入了工具理性的所谓宏大意义中难以自拔。事实上,高度复杂性和不确定性之下的风险难以掌控,抑或说复杂性和不确定性的程度已经大大超出了可以掌控的阈限,可计算和可预期变得越来越难以为继,无论是高度的复杂性和不确定性使然,还是时间的流动都不允许。因此在大学生就业指导和择业过程中都需要改变固有的

---

[1] 马克斯·韦伯:《经济与社会(第一卷)》,阎克文译,上海人民出版社2010年版,第114页。

第五章 新时代大学生就业更要坚持"执两用中"方法论

或者说受工具理性支配的认知，更加注重职业本身的价值而非可以带来的名利方面的回报。换言之，大学生不应再将自己看作工具理性的奴隶，而是把自己视为立体的现实的人而非物化的工具，在实践活动中追求行为本身的意义、自我成长以及和谐的人际关系，实现内外自我的统一以及平衡的精神和物质需要的满足。诚如孔子在谈及财富时所言："富而可求也，虽执鞭之士，吾亦为之。如不可求，从吾所好"，强调追求财富要符合义礼，"不义而富且贵，于我如浮云"，实际上就是"用中"的表现。符合义礼显然是理性的，一方面突出追求行为要满足义礼的要求而不可逾越，另一方面则表示所追求的承载财富的对象蕴含或体现的价值不应违背义礼，也就是首先强调价值理性，在满足价值理性的基础上再追求工具理性所呈现的可以计量的东西，而不是相反甚至是放弃价值理性而迷失在工具理性中。孔子在两千多年前就树立了表率，而他所处的时代正是影响了中国两千多年历史演化的大变局时代。在今天百年未有之大变局时代，大学生就业没有理由不坚持"执两用中"，也没有理由不落实其中反映的价值理性，从而让就业指导和大学生可以突破工具理性的藩篱，真正实现人生价值。

"执两用中"方法论是圣贤对修身齐家治国平天下的实践，是经验理性结晶而非逻辑分析的结论，其中蕴含的相似性思维对于大变局背景下的大学生就业有着非常大的指导意义。工业化社会以降，由于科学主义的影响，人们痴迷于基于分析性思维建构因果关系，这在低复杂和确定的条件下可以实现，但在高度复杂和不确定的大变局时代，未知和风险无所不在并不断累积，异化普遍呈现，经济社会中因果关系的建构几无可能。任何事物或现象包括大学生就业都是在时间之中展开并具有时间性的，因果关系代表着时间的必然性，有因就有果，然而在高度复杂和不确定的风险社会中时间失序，一切更倾向于以可能性的形式呈现，因果关系的解扣决定了与之相适应的分析性思维的失灵。退一万步讲，经济社会中即使存在某些因果关系，但随着时间的高速流动也表现出非常高的时间和地域上的差异性，有着相当的随机性，用于寻找普遍性因果关系的分析性思维是难以发现和把握具体性的因果关系的，相反"执两用中"及其蕴含的相似性思维可以很好地适应大变局时代的这种新情况，因为其原本就强调因时而中、因地而中、因人而中。之于大学生就业，需要建立在关联中行动的现实主义的理念，无论是就业指导还是自我摸索，大学生都要形成这样的认知：不是基于自己掌握的专业理论和知识必然会在什么领域或区域就职，或必然会获得什么样的回报，而是可能有哪些领域或区域与自己的理论和知识关联，也就是说哪些领域或区域的需求与自己头脑中的表征或造境存在着一定的相似性，有相似性就有实现就业的可能性。在此基础上，还要根据时间的流动修正认知，即要在具体的情境和事件中把握这种相似性并展开行动，而不能拘泥于一时的认知而丧失了随机应变，因为在高度复杂和不确定的大变局时代，一切都是瞬息万变的，今天或此地正确的不意味着明天或彼地是正确的，相似性思维要求时中。还有就是高等学校的就业工作要赋予相似性思维应有的地位并发挥其作用，分析性思维也许在自然科学中和微观简单的事物身上依然适用，但就业是一项有着极强社会属性的工作，过于强调分析性思维反而会陷入因果关系的怪圈，为了果而拼命去寻因，从而耗费了大量资源，而相似性思维不仅与大变局时代相适应，而且可以摆脱这些怪圈的束缚，从关联和相似性出发创新出大学生就业的新模式、新方法，提升高度复杂和不确定的风险环境中大学生的就业水平。

三、发挥科技力量作用促进新时代大学生就业

大学生就业是大学生和就业市场交互作用的结果，人力与科技都在其中扮

第五章　新时代大学生就业更要坚持"执两用中"方法论

演着重要角色，发挥着重大作用。中国特色社会主义的新时代既是改革开放向纵深挺进的时代，也是高度复杂和不确定的大变局时代，在这样一个时代促进大学生就业需要把中国优秀传统文化的精髓——"执两用中"的方法论与科技的力量，尤其是人工智能技术和区块链技术相结合以实现之。

近年来区块链技术发展迅猛并越来越广泛地影响到经济社会生活。作为有着去中心化、开放性、匿名性、可追溯性、用户自主性和不可篡改性等特点的科学技术，区块链从诞生之日起就显示了其在大学生就业中的有用性。习近平总书记在2019年10月24日中共中央政治局就区块链技术发展现状和趋势进行的第十八次集体学习时指出要"积极推动区块链技术在教育、就业、养老、精准脱贫……领域的应用"，"要利用区块链技术促进城市间在信息、资金、人才、征信等方面更大规模的互联互通，保障生产要素在区域内有序高效流动"。充分发挥区块链技术的特点和优势是针对性地处理当前大学生就业面临的问题和促进精准就业的有效举措。面对社会加速发展与大变局时代的高度复杂性和不确定性，不仅大学生就业中既有问题，如学生个人信息不够精确、高等学校就业指导和就业帮扶不够精准等，而且新时代涌现的新问题，如就业市场信息的瞬息万变导致供需不对等，都可以在一定程度上借助区块链技术加以妥善处理。建立基于区块链技术的就业平台，鉴于区块链系统需要全体参与者的共同维护，其去中心化和用户自主性的特点可以让大学生自主登记个人信息，而可追溯性则保证了信息修订的准确性。同时，高等学校的就业指导是与大学生的职业生涯规划密切相关并贯穿整个大学生涯的，发挥着帮助大学生完善和落地职业生涯规划的作用，所以就业指导既有普遍性又有差异性，借助区块链技术，高等学校可以掌握大学生全面而真实的信息，并由此在普遍性基础上开展针对性指导，提升职业生涯规划的可行性，而对存在就业困难的学生也可以有的放矢地找出原因并提出具体改进措施，并且由于平台的开放性，政府和用人单位可以在第一时间了解到就业数据，从而实现就业供需的直接对接，有效降低和解决因信息不对称导致的结构性未就业等问题。特别是在高度复杂和不确定的大变局时代，就业信息在供需双方之间去中介的无缝流动，不仅能够大幅度地解决信息不对称问题，而且经由这种解决途径可以有效降低大学生和用人单位双方的时间和经济成本，并且增加弄虚作假需付出的道德成本，防止欺骗欺诈等不法行为的发生。此外，就业指导的检讨与总结是大学生就业工作的重要一环，区块链技术实时记录着每一位系统参与者的行为和信息，并且一旦记录，任何人都无法篡改，从而可以对就业工作予以实时的检讨与总结，不但避免了事后进行的时滞性，而且减少了人力、物力和财力的支出。

  按照"人工智能之父"艾伦·图灵的定义，如果一台机器能够与人类开展对话而不被辨识出其机器身份，就称这台机器具有智能。从1956年人工智能概念被提出至今，近七十年里人工智能技术取得了长足发展，尤其近年来更是突飞猛进，能力随技术的发展呈指数级增长，以图文、语音、视频等生成式人工智能为代表的新一代人工智能技术正在掀起一场人类生产生活方式的革命性变革，影响较区块链技术有过之而无不及，相当程度上是迄今为止影响最为深远的科学技术。亨利·基辛格指出："启蒙时代和人工智能时代的本质区别不是技术上的，而是在于认知。"生成式人工智能的革命性影响就在于改变了自启蒙运动以来人们的认知方式，由"假设—归纳"或"演绎—实验"的逻辑分析模式转变为在未知的过程中实现的模式，也就是说人工智能技术与高度复杂和不确定的风险社会相互作用，相似性思维将在探索未知的进程里发挥越来越重要的作用。对大学生就业而言，人工智能将深刻改变其工作的方式方法，由"就业指导老师—学生"的二元结构变革为"人师—机师—学生"的三元结构。在人机协同模式下，大学生可以通过人工智能获得与就业相关的日常知识与经验，并且从基于区块链技术的就业平台获得就业信息；就业指导老师可以从机械重复的琐碎事务中解脱出来以更多地从事个体差异性的指导并努力创新，更多地

第五章　新时代大学生就业更要坚持"执两用中"方法论

为大学生提供就业过程中的"传道"和"解惑"服务。鉴于人工智能给就业带来的替代效应和极化效应，亦即一些受人工智能影响较大的职业如会计、记者、文员等会较多地为智能机器所替代，并且是中间能力层的岗位更容易被替代，以致出现两级增长的极化现象，而大学生就任最多的恰恰是重复性而非创造性的中间层岗位，因而提升大学生的批判性思维、创新能力和团队合作能力等就成为大学生就业工作和学科教学的重要任务和目标，提示高等学校要有更为清晰的人才培养定位和创新型人才培养体系建设，这之中专业教师和就业指导老师自身的批判性思维和创新能力无疑是首要的。人工智能对大学生就业的另一重要影响体现在进一步强化了大学生的主体地位。在三元结构中，人机都是为大学生服务并以实现大学生人职匹配就业为要务的，人工智能将在大学生就业指导和求职过程展现空间泛化的无限可能，实现向物理空间和数字空间相结合的融合空间的转变。特别是随着一系列多模态大型生成式模型的诞生，大学生可以随时随地自主从中获取与就业能力提高相关的支持，甚至可以借助其中的总结强化对专业知识理论拥有更加系统深入的理解与把握，从而为提升批判性思维和创新能力提供帮助。同时人工智能可以提供拟真的就业招聘与面试等功能，经由模拟大学生不仅可以更加形象具体地了解和掌握就业技能技巧，而且能够发现自己的不足，从而提升就业能力，有效降低在实际求职过程中犯错误的概率，节约资金和时间支出，提高就业和社会系统的效能效率。

不过与历史上其他任何一项科技相同，人工智能和区块链技术不是十全十美的，因而需要坚持"执两用中"的方法论，在充分发挥其对大学生就业的积极作用的同时正视其可能带来的消极影响，有效地为促进新时代大学生就业保驾护航。比如区块链技术，不可篡改性既是其优点，有助于溯源，也是其缺点，因为即使信息输入有误也不能撤销，并且密钥一旦丢失就无法找回，也就无法对账户进行任何操作，风险比较大，而开放性则对个人隐私保护构成了威胁，不当操作会把个人不愿公开的信息完全暴露在平台或系统所有参与者面前。人工智能技术虽已充分展示了其是科技发展的未来方向，但风险也逐渐显现出来，其一是伦理风险，尤其是通用人工智能 AGI，不但可以通过自我学习以适应新的任务要求，而且具备了一定的自我调整和自我改进的能力，也就是有着某种程度的推理判断和解决新问题的能力，伦理方面的风险是显而易见的。其二，人工智能的理论基础是信息论和控制论，原理充满了关联的色彩，再次证实了现实世界中因果关系的稀缺与解扣，现实是混沌和偶然的，以概率的形式相互关联着。建立在理论基础上的算法本应是价值无涉的，但其参数、赋值和变换等却渗透着人为的价值取向，尤其是当前美国还占据着技术的领先地位，通过人工智能进行价值观渗透是必然的，在大学生就业中使用人工智能技术时不能不提防。同时用于训练的文本、语料、图片和视频数据大量来自英语世界，即使是中国自我开发的生成式人工智能，为了增强适用广度也不得不采集标注来自英语世界的数据，其中不包含西方文化的偏见是不可能的，形成了对大学生价值观和人生观的一定冲击，加之使用者中的多数来自西方，进一步加大了冲击的强度。其三是对大学生批判性思维和创新能力培养的制约。一方面人工智能技术的蓬勃发展对大学生的批判性思维和创新能力提出了前所未有的要求，可以说在相当程度上决定了职场能够走多远和多高，但另一方面人工智能的强大工具功能会让大学生因为过度依赖之而造成知识的碎片化，形成不了完整的认知结构，以致很难有批判性思维和提出有价值的问题，功能固着将严重弱化大学生的创新能力。同时由于搜索习惯和算法推荐，大学生非常容易陷入"信息茧房"，难以全面了解和掌握事实，产生较为严重的同质化，妨碍大学生创新能力的培养与形成。其四是异化大学生就业中的师生关系并重塑之。既然可以通过人工智能和区块链获得比较多的与就业相关的知识技能和信息，大学生就有可能重新审视就业指导中的师生关系，个别的甚至会认为指导

第五章　新时代大学生就业更要坚持"执两用中"方法论

老师的重要性和作用还不如人工智能和区块链技术，从而不利于师生之间的协作，同时人机协同模式又对就业指导老师提出了较高的数字素养要求，如果达不到会大概率导致就业指导的弱化与虚化。此外人工智能造成的大学生生物信息保护问题、模拟面试与实际之间的偏离问题等同样不能忽视。鉴于人工智能和区块链等科技力量对大学生就业正反两方面的影响，包括政府部门在内的多方要运用"执两用中"的方法论，充分认识并把握积极和消极的两端，并在此基础上合力采取行动。如政府部门要加强相关的立法和执法力度，为包括大学生就业在内的各个领域合理有效利用最新科技力量提供强有力的保障；高等学校要强化大学生就业与思政教育的融合程度，最大限度地减少人工智能给大学生人生观和价值观带来的冲击；就业指导老师要提高自身的数字素养，以便更好地在三元结构和人机协同模式下做好指导和服务工作；大学生要树立诚信观念，在利用人工智能和区块链技术带来的便利的同时不损害乃至丧失批判性思维和创新能力等，切实把包括人工智能和区块链在内的科学技术打造成促进大学生就业的利器。

参 考 文 献

[1] 王文锦. 大学中庸译注[M]. 北京：中华书局, 2008.

[2] 许慎. 说文解字[M]. 上海：上海古籍出版社, 2021.

[3] 韦昭. 国语[M]. 上海：上海古籍出版社, 2015.

[4] 荀况. 荀子[M]. 北京：光明日报出版社, 2014.

[5] 王弼, 楼宇烈. 老子道德经注校释[M]. 北京：中华书局, 2016.

[6] 班固. 汉书[M]. 北京：中华书局, 1999.

[7] 范晔. 后汉书[M]. 北京：中华书局, 1999.

[8] 郑玄. 礼记[M]. 北京：中华书局, 2015.

[9] 杨伯峻. 论语译注[M]. 北京：中华书局, 2006.

[10] 张载. 张载集[M]. 北京：中华书局, 1978.

[11] 王守仁. 王阳明全集[M]. 上海：上海古籍出版社, 2015.

[12] 司马迁. 史记[M]. 北京：中华书局, 1999.

[13] 方苞. 周礼[M]. 上海：上海古籍出版社, 2023.

[14] 房玄龄. 管子[M]. 上海：上海古籍出版社, 2015.

[15] 王若虚. 滹南遗老集校注[M]. 沈阳：辽海出版社, 2005.

[16] 石磊. 商君书[M]. 北京：中华书局, 2018.

[17] 杨伯峻. 孟子译注[M]. 北京：中华书局, 2008.

[18] 斯塔夫里阿诺斯. 全球通史：从史前史到21世纪 [M]. 董书慧，译. 北京：北京大学出版社，2005.

[19] 罗素. 为什么我不是基督教徒 [M]. 沈海康，译. 北京：商务印书馆，1982.

[20] 王先慎. 韩非子 [M]. 上海：上海古籍出版社，2015.

[21] 董仲舒. 春秋繁露 [M]. 北京：中华书局，2022.

[22] 计六奇. 明季北略：上 [M]. 北京：中华书局，1984.

[23] 陆九渊. 陆九渊集 [M]. 北京：中华书局，1980.

[24] 窦仪，等. 宋刑统 [M]. 北京：中华书局，1984.

[25] 孙家红. 明清律合编 [M]. 北京：科学文献出版社，2022.

[26] 吴自牧. 梦粱录 [M]. 杭州：浙江人民出版社，1984.

[27] 袁采. 袁氏世范 [M]. 北京：商务印书馆，2017.

[28] 王先谦. 庄子 [M]. 上海：上海古籍出版社，2013.

[29] 吴兢. 贞观政要 [M]. 北京：中华书局，2021.

[30] 郑玄. 礼记正义 [M]. 上海：上海古籍出版社，2008.

[31] 何晏. 论语注疏 [M]. 北京：中华书局，2022.

[32] 程颢，程颐. 二程遗书 [M]. 上海：上海古籍出版社，2000.

[33] 朱熹. 四书章句集注 [M]. 北京：中华书局，1983.

[34] 黎靖德. 朱子语类 [M]. 北京：中华书局，1986.

[35] 杨天才. 周易 [M]. 北京：中华书局，2016.

[36] 段玉裁. 说文解字注 [M]. 北京：中华书局，2013.

[37] 焦循. 焦循全集 [M]. 扬州：广陵书社，2016.

[38] 朱高正. 易传通解 [M]. 上海：华东师范大学出版社，2015.

[39] 王夫之. 船山全书：一 [M]. 长沙：岳麓书社，2011.

参考文献

[40] 王国轩，王秀梅. 孔子家语[M]. 北京：中华书局，2009.

[41] 叶蓓卿. 列子[M]. 北京：中华书局，2018.

[42] 韩婴. 韩诗外传[M]. 北京：团结出版社，2020.

[43] 列宁. 列宁全集：第40卷[M]. 北京：人民出版社，1986.

[44] 列宁. 列宁全集：第3卷[M]. 北京：人民出版社，1986.

[45] 中央文献研究室. 毛泽东书信选集[M]. 北京：中央文献出版社，2003.

[46] 高则诚. 琵琶记[M]. 北京：华夏出版社，2000.

[47] 左丘明. 左传[M]. 上海：上海古籍出版社，2016.

[48] 墨翟. 墨子[M]. 扬州：广陵书社，2023.

[49] 周秉钧. 尚书[M]. 长沙：岳麓书社，2020.

[50] 孔颖达. 尚书正义[M]. 上海：上海古籍出版社，2007.

[51] 李炳南. 论语讲要[M]. 武汉：长江文艺出版社，2019.

[52] 黄石公. 素书[M]. 上海：上海三联书店，2015.

[53] 中国教育事典编委会. 中国教育事典：高等教育卷[M]. 石家庄：河北教育出版社，1994.

[54]《中国教育年鉴》编辑部. 中国教育年鉴（1949—1981）全日制高等教育[M]. 北京：中国大百科全书出版社，1984.

[55] 国家高级教育行政学院. 中国高等教育体制改革世纪报告[M]. 北京：人民教育出版社，2001.

[56] 中国社会科学院语言研究所词典编辑室. 现代汉语词典[M].7版. 北京：商务印书馆，2016.

[57] 中共中央组织部，中共中央宣传部，中共中央编译局. 马列主义经典著作选编：党员干部读本[M]. 北京：党建读物出版社，2011.

[58] 乌尔里希·贝克. 风险社会[M]. 南京：译林出版社，2004.

[59] 吕迪格尔·萨弗兰斯基.时间：它对我们做什么和我们用它做什么[M].卫茂平，译.北京：社会科学文献出版社，2018.

[60] 哈特穆特·罗萨.加速：现代社会中时间结构的改变[M].董璐，译.北京：北京大学出版社，2015.

[61] 哈特穆特·罗萨.新异化的诞生：社会加速批判理论大纲[M].郑作彧，译.上海：上海人民出版社，2018.

[62] 哈特穆特·罗萨.不受掌控[M].郑作彧，马欣，译.上海：上海人民出版社，2022.

[63] 约翰·杜威.确定性的寻求：关于知行关系的研究[M].傅统先，译.上海：上海人民出版社，2005.

[64] 尼克拉斯·卢曼.风险社会学[M].孙一洲，译.南宁：广西人民出版社，2020.

[65] 马丁·海德格尔.存在与时间[M].陈嘉映，等译.北京：三联书店，2014.

[66] 马克斯·韦伯.经济与社会：第一卷[M].阎克文，译.上海：上海人民出版社，2010.

[67] 冯友兰.中国哲学史[M].上海：华东师范大学出版社，2011.

[68] 习近平.在文化传承发展座谈会上的讲话[J].求是，2023（17）.

[69] 董燕.中国古代职业观刍议[J].学术界，2009（2）：5.

[70] 邹笃锋.简论中国古代社会的职业观[J].黄河学刊，1997，11（2）：51-55.

[71] 郭鲁兵.儒家的职业道德观[J].伦理学研究，2008（6）：83-86.

[72] 陈继红.职业分层·伦理分殊·秩序构建——论先秦儒家"四民"说的政治伦理意蕴[J].伦理学研究，2011（5）：69-74.

参考文献

[73] 孙海燕. 论儒家现世精神的起源[J]. 人文杂志, 2023（9）: 14-23.

[74] 郭坦. 中国传统文化的新时代担当——王阳明思想的三种革新与当代启示[J]. 贵州社会科学, 2017（12）: 45-49.

[75] 吴泽. 论孔子的中庸思想[J]. 学术月刊, 1962（9）: 26-33.

[76] 黄星星. 孔子"中庸"思想的道德指向[J]. 伦理学研究, 2020（6）: 21-27.

[77] 高志强. 中庸的文化心理特征及其实践理路[J]. 心理科学, 2021, 44（4）: 1018-1023.

[78] 杨春长. "执两用中"是重要的思想方法和治事规律[J]. 哲学家, 2021（1）: 57-68, 255.

[79] 赵连越. "吾"："德行"与"知识"的统贯与综合——孔子"一以贯之"思想新诠[J]. 湖南社会科学, 2023（3）: 30-36.

[80] 黄卉. 白寿彝先生的孔孟哲学管窥[J]. 史学理论与史学史学刊, 2023, 28（1）: 203-220.

[81] 郑震. 儒道视阈中的权宜与变通：对不确定性问题的思考[J]. 社会科学, 2022（10）: 148-157, 192.

[82] 屈振辉. 儒家职业生涯思想述评[J]. 开封文化艺术职业学院学报, 2023, 43（4）: 73-78.

[83] 马叙伦. 第一次全国高等教育会议闭幕词[J]. 人民教育, 1950（3）: 15-16.

[84] 孟彬, 钟新文, 刘鸣禹. 新中国成立70年我国大学生就业政策变迁[J]. 河北师范大学学报（教育科学版）, 2019, 21（2）: 63-70.

[85] 赵晔琴. 从毕业分配到自主择业：就业关系中的个人与国家——以1951—1999年《人民日报》对高校毕业分配的报道为例[J]. 社会科学,

2016（4）：73-84.

[86] 纪仁. 苏联大学生的分配办法与问题[J]. 今日苏联东欧，1984(6)：6-10.

[87] 胡坚达. 谈高师学生的始业教育[J]. 宁波大学学报（教育科学版），1999（2）：110-111.

[88] 徐国斌，黄莉，刘威，等. 基于中美研究现状比较的研究生始业教育探析[J]. 研究生教育研究，2014（4）：85-89.

[89] 宁吉喆. 世界百年未有之大变局的主要特征及机遇挑战[J]. 全球化，2023（6）：5-12，134.

[90] 齐卫平. 深刻认识百年未有之大变局加速演进的特征[J]. 人民论坛·学术前沿，2022（19）：22-29.

[91] 王洪波，张朝阳. 超越加速逻辑的美好生活何以可能——罗萨社会加速批判理论的唯物史观反思[J]. 马克思主义与现实，2022（5）：177-185.

[92] 张康之. 论风险社会生成中的社会加速化[J]. 社会科学研究，2020（4）：22-30.

[93] 张康之. 超越逻辑推理的直观和想象：在风险社会中看因果关系[J]. 国外社会科学前沿，2021（6）：3-17.

[94] 张康之，李淑英. 风险社会中的风险认知与预测[J]. 浙江学刊，2022（4）：4-15.

[95] 于莉. 区块链技术在大学生就业帮扶体系中的应用趋势[J]. 就业与保障，2023（10）：79-81.

[96] 周洪宇，常顺利. 生成式人工智能嵌入高等教育的未来图景、潜在风险及其治理[J]. 现代教育管理，2023（11）：1-12.

[97] 滕培秀，叶青. 人工智能视域下高校就业指导体系建构[J]. 中国大学生就业，2022（3）：49-56.